日本雜學圖鑑

知りたい
こと図鑑

日本大小事，
通通都想知道

作者 みっけ
譯者 Mei　審訂 吉武依宣

前言

這是一本集結了許多希望大家知道並記住的雜學知識集錦。
按照類型將內容分門別類，並用多樣的靈感來源設計排版。

調查想知道的事情，進而統整，並實際把它們設計、呈現出來——會有這個想法，是從我覺得問答節目很有趣所開始的。看問答節目時，我常會有「好想變得更會答題」、「即使答不出來，也想變成聽到答案後可以很快理解的人」的想法，因此決定結合原本就有興趣的設計，試著呈現出「想知道的事情」。

最後，成就了這部作品。
能夠創作出這本書，都是多虧了大家對我層出不窮的好奇心感興趣。非常謝謝你們！
我的「好想知道」能跟誰的「好想知道」重疊，進而轉化爲「能知道這個眞是太好了」的想法，就是我最大的喜悅。

我的設計一直以來都是爲了他人而發想的。
設計本身必須要是能幫上誰的忙，或是勾起誰的興趣的存在才行。

雖說這本書是為了滿足我個人的興趣而做，但為了能讓即使多一個人也好，來閱讀這本書，我在製作時一直有把「想讓大家快樂的學習這些知識」這件事放在心上。
對於那些即使想知道也覺得查資料太麻煩，或是看到全都是文字的書、網站就退卻的人，我希望能引起他們的興趣，對本書保有好奇心，因此下了一番工夫設計。

衷心期待讀了這本書後，即使只有一件事情也好，大家的「好想知道喔」能變成「已經知道啦」！

みっけ

CONTENTS

前言　002

PART 1
日常生活學問

日常知識

1　三位數的電話號碼　010
2　洗滌方式　011
3　年齡的稱呼　012
4　親等圖　013
5　道路標識和標示板　014
6　地圖符號　015
7　特殊職業的資格徽章　016
8　麻將牌　017
9　日本天氣圖記號　018
10　關於雨天的天氣預報　019

種類、名稱、情感表現

11　貓的毛色　020
12　狗的毛色　021
13　月相名稱　022
14　十二個滿月的名稱　023
15　表現黎明和黃昏的詞語　024
16　表現眼淚的日語　026
17　表現雨的日語　027
18　櫻花相關的日語　028
19　用來表現戀情的日語　029
20　表現雪的日語　030
21　表現冰的日語　031
22　和風圖騰　032
23　月份的別稱　033
24　鳥的別名　034
25　春之七草　035
26　各式符號的意義①　036
27　各式符號的意義②　038
28　○○曲　040
29　音樂術語　042
30　管弦樂團裡的簡稱　043
31　神社的種類（敬奉的神祇）　044

尺寸大小、單位

32　信封尺寸　046
33　數字單位　048
34　數據大小的單位　049
35　單位的漢字　050
36　紙張尺寸　051

數位領域相關、記號

37　快捷鍵　052
38　錯誤代碼　053
39　Excel函數　054
40　希臘數字　055
41　PCCS色調　056

42	點字和摩斯密碼	058

用法、略語

43	商業用語	062
44	略語（英文字母）	064
45	略語（日文）	066
46	英文的略語	067
47	組織名稱	068
48	階級	070

曆法

49	十天干十二地支	072
50	六曜及選日	074
51	二十四節氣	075
52	七十二候	076
53	祝賀長壽	080
54	結婚週年紀念日名稱	081

食物、飲品

55	營養素	082
56	餐具種類和餐點擺放的位置	083
57	切菜的方式	084
58	蔬菜中可以食用的部分	085
59	肉的部位	086
60	義大利麵的種類	088
61	麵包的種類	090
62	荷包蛋的種類	092
63	御節料理	093
64	咖啡的種類	094
65	日本茶的種類	095
66	酒杯的種類	096
67	牛奶的種類	097
68	紅茶的種類	098
69	調酒的種類	100
70	堅果的種類	104

PART 2

值得大人們記起來的知識

漢字

71	同音異字	106
72	送假名是「く」的漢字	110
73	一個字的漢字單詞	111
74	相似的漢字	112
75	「品」字樣的漢字	113
76	海底生物的漢字	114
77	陸地生物的漢字	115
78	植物的漢字	116
79	有不同唸法的詞語	120
80	球類運動的漢字	121
81	疊字詞語	122
82	知道的漢字之你所不知道的讀音	123

005

83	部首是魚的漢字	126
84	鳥類的漢字	128
85	國家名稱的漢字寫法	130

日語、古典、文學

86	字體的種類	132
87	日文書信之季節的問候、開頭和結語	134
88	季語	136
89	六歌仙・三十六歌仙	138
90	小說的開頭	140
91	文豪們的代表作	142

地理

92	國名、首都、國旗、國碼	144
93	美國的50個州份	151
94	世界上的各種前三名	152
95	世界的數字唸法	154
96	世界的三大○○	156

歷史

97	西洋美術史	158
98	七宗罪	160
99	基督教的派系	161
100	戰國時代的年號	162
101	德川15代將軍	163
102	日本近代年號	164
103	九字護身法	166

理科

104	有角的動物	167
105	器官的位置及功能	168
106	元素週期表	170
107	化學元素的族	172
108	離子化傾向	174
109	焰色反應	175
110	雲的種類	176
111	雪花結晶的形狀	178
112	太陽系的行星	179
113	效應和現象	180
114	視覺錯覺	181

數學

115	圓周率（到小數點後第100位）	182
116	圖表的種類	184
117	數學裡的曲線圖	185
118	質數的種類	186
119	數學領域裡的詞彙	188

PART 3

點綴日常的時髦知識

寶石、飾品

- 120 戒指位置與意義　190
- 121 寶石的日文漢字名稱和莫氏硬度　191
- 122 誕生石　192
- 123 耳洞的位置及名稱　194

香氛

- 124 香氣的種類　195

知識

- 125 包裝用的蝴蝶結造型　196
- 126 花朵顏色代表著不同花語　197

時尚

- 127 格紋的種類　200
- 128 和服的種類　201
- 129 各式各樣的長度　202
- 130 領口的種類　203
- 131 帽子的種類　204
- 132 鞋跟的種類　206
- 133 捧花的樣式　208
- 134 婚紗的樣式　209
- 135 領帶的種類　210
- 136 眼鏡的樣式　211
- 137 襯衫領型　212
- 138 動物紋的種類　214
- 139 脣彩的種類　215
- 140 個人色彩　216

星座

- 141 12星座　218
- 142 88個星座　219

參考文獻・資料　222

STAFF
設計 —— 柴田ユウスケ、三上隼人（soda design）

PART 1

日常生活學問
Education for Daily Life

KEYWORDS
- 生活的知識 • 種類 • 名稱
- 日語的表現方式 • 尺寸
- 單位 • 記號 • 省略詞 • 曆法
- 食物 • 飲品

1　三位數的電話號碼

重要性 ★★★★★

日常生活

生活中是否有過「啊，報時的電話是幾號？」這樣的狀況呢？
本篇涵蓋了讓日常生活更方便的號碼到保護性命的號碼。
是關於記住後會很安心的三位數電話號碼及其服務。
靈感來源是玄關大門。

*不在票：在日本配送包裹時，如果住戶不在，配送業者會投遞此票。

2　洗滌方式

重要性 ★★★★★
日常生活

看到標籤上的圖示，卻還是不太懂的洗滌說明。
現在只要有了這張表，以後就不用再擔心怎麼正確洗衣服啦！
靈感來源是主題標籤（hashtag）。

家庭洗濯
家庭洗滌

- ＃洗衣模式設定「標準」　＃水溫上限n°C
- ＃洗衣模式設定「柔和」　＃水溫上限n°C
- ＃洗衣模式設定「非常柔和」　＃水溫上限n°C
- ＃手洗模式　＃水溫上限40°C
- ＃不適用家用洗衣機

※洗衣模式的設定依洗衣機機型有所不同

漂白
漂白

- ＃可漂白
- ＃可用氧系漂白　＃可用氯系漂白
- ＃不可漂白

タンブル乾燥
滾筒式乾燥

- ＃低溫　＃最高至60°C
- ＃高溫　＃最高至80°C
- ＃不可滾筒式乾燥

クリーニング
送洗標示

- ＃乾洗　＃常規乾洗
- ＃乾洗　＃緩和乾洗
- ＃碳氫化合物系乾洗　＃常規乾洗
- ＃碳氫化合物系乾洗　＃緩和乾洗
- ＃不可乾洗

冷知識　—— 緩和　≡ 非常緩和　・低溫　・・中溫　・・・高溫

自然乾燥
自然乾燥

- ＃可照射日光　＃懸掛晾乾
- ＃可照射日光　＃懸掛滴乾
- ＃可照射日光　＃平攤晾乾
- ＃可照射日光　＃平攤滴乾
- ＃陰乾　＃懸掛陰乾
- ＃陰乾　＃懸掛滴乾
- ＃陰乾　＃平攤陰乾
- ＃陰乾　＃平攤滴乾

アイロン
熨燙

- ＃低溫　＃最高至110°C　＃不可用蒸氣
- ＃中溫　＃最高至150°C
- ＃高溫　＃最高至200°C
- ＃不可熨燙

- ＃專業溼洗　＃常規溼洗
- ＃專業溼洗　＃緩和溼洗
- ＃專業溼洗　＃非常緩和溼洗
- ＃不可溼洗

※滾筒式乾燥的溫度限制是指排氣溫度。
※「乾洗」為使用四氯乙烯和碳氫化合物系溶劑的專業乾洗。

3　年齢的稱呼

重要性 ★★★☆☆
詞語

源自《論語》，用來表達年齡的二字漢字詞語。
由下往上依序是15、30、40、50、60、70歲的表達方式。
靈感來源是建築物上的招牌。

4　親等圖

那一位跟我之間的親戚關係到底要怎麼稱呼呢？
為了解決這樣的疑問，製作了一個清楚明瞭的親等圖。
靈感來源是路線圖。

重要性　★★★★☆
日常生活

「伯」與「叔」的差異

伯父……父親的哥哥
叔父……父親的弟弟

伯母……父親的嫂嫂
叔母……父親的弟媳

親等	直系尊親	直系卑親
6	烈祖父母　六世の祖　Rokusei-no-So	
5	天祖父母　五世の祖　Gosei-no-So	
4	高祖父母　高祖父母　Kousofubo	
3	曾祖父母　曾祖父母　Sousofubo	
2	祖父母　祖父母　Sofubo	
1	父母　父母　Fubo	
0	本人　本人　Honnin	
1	子女　子　Ko	
2	孫子女　孫　Mago	
3	曾孫子女　曾孫　Himago	
4	玄孫子女　玄孫　Genson / Yashago	
5	來孫子女　来孫　Raison	
6	晜孫子女　昆孫　Konson	

旁系：

- 2　兄弟姐妹　兄弟姉妹　Kyoudai-Shimai
- 3　甥、姪　甥姪　Oi-Mei
- 4　姪孫輩　姪孫*　Tesson
- 5　曾姪孫輩　曾姪孫*　Soutesson
- 6　玄姪孫輩　玄姪孫*　Gentesson

- 3　(父母的兄弟姉妹)　叔、伯、姑、姨　おじ　おば　Oji-Oba
- 4　堂、表兄弟姉妹　いとこ　Itoko
- 5　堂姪輩、表姪輩　従姪*　Jūtetsu
- 6　堂姪孫輩、表姪孫輩　従姪孫*　Jūtesson

- 4　曾伯叔祖父、曾祖姑　大おじ　大おば　Ōoji-Ōoba
- 5　族伯叔祖父、族祖姑　いとこ違い　Fubo-no-Itoko
- 6　族伯叔、族姑　はとこ　Hatoko

*不分男女

013

5　道路標識和標示板

重要性　★★★★★
日常生活

長得相似的道路標識和標示板。
只要好好理解，跟重要的人出遊一定會更加安心。靈感來源是籤文。

禁止超車
不可超車

禁止從右側超越前車
可超車，但不可跨越中線至右側超車

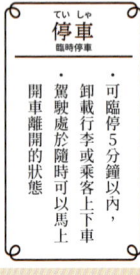
停車（ていしゃ）臨時停車
・可臨停5分鐘以內，
・卸載行李或乘客上下車
・駕駛處於隨時可以馬上開車離開的狀態

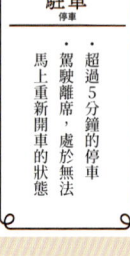
駐車（ちゅうしゃ）停車
・超過5分鐘的停車
・駕駛離席，處於無法馬上重新開車的狀態

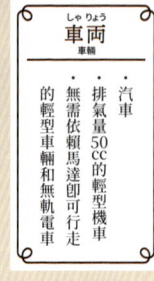
車両（しゃりょう）車輛
・汽車
・排氣量50cc的輕型機車
・無需依賴馬達即可行走的輕型車輛和無軌電車

禁止車輛進入
不可進入此標示的地方

禁止車輛通行
行人可通行
禁止車輛通行
路面電車可通行

禁止通行
禁止行人通行
禁止車輛通行
禁止路面電車通行

禁止停車
不可停車
可臨時停車

禁止停車和臨時停車
不可停車
不可臨時停車

除指定方向外，禁止通行
只可按箭頭方向通行
不可通行箭頭以外的方向

單行道
按箭頭方向通行
可左、右轉
不可通行箭頭以外的方向

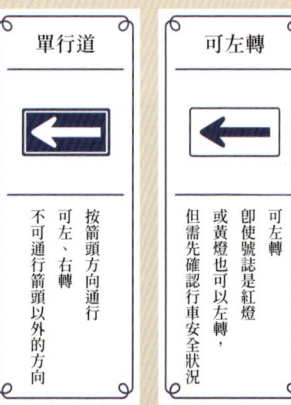
單行道
按箭頭方向通行
可左、右轉
不可通行箭頭以外的方向

可左轉
可左轉
即使號誌是紅燈或黃燈也可以左轉，但需先確認行車安全狀況

道路標識和標示板的籤

014

6　地圖符號

重要性　★★☆☆☆

日常生活

成為大人之後不太有機會看到的地圖符號。
如果了解透徹，甚至可以拿來教導孩子的話，說不定會受到尊敬喔！
靈感來源是動物。

※「◎」用在市公所和東京都23區之區公所，「○」則用於鄉、鎮公所和政令指定都市之區公所

7　特殊職業的資格徽章

重要性 ★☆☆☆☆
知識

也許你知道這些從業人士會別上職業徽章，
但有沒有仔細看過徽章設計呢？
其實每一個都有各自的靈感來源喔。

弁護士
律師

向日葵和天秤

弁理士
專利師

菊花和五三桐花紋

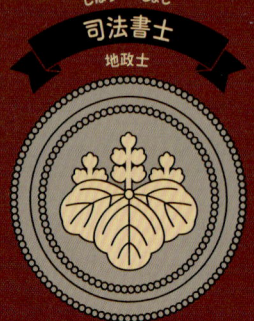

司法書士
地政士

五三桐

海事代理士
海事代理士

菊花和船舵

行政書士
行政書士

波斯菊和「行」的字樣

社会保険労務士
社會保險勞務士

菊花和社會保險勞務士的
羅馬字拼音縮寫

土地家屋調査士
土地家屋調查士

五三桐和「測」的字樣

税理士
稅務專業會計師

太陽和櫻花

公認会計士
會計師

市松紋

8　麻將牌

重要性　★★☆☆☆
知識

一迷上就容易讓人深陷不已的麻將。
但總覺得規則有點複雜，不太敢輕易出手嘗試……
有這樣煩惱的人，不妨從記住牌的種類開始吧！靈感來源是自動販賣機。

	1 イー	2 リャン	3 サン	4 スー	5 ウー	6 ロー	7 チー	8 パー	9 キュー
萬子 マンズ	一萬 イーマン 一萬	二萬 リャンマン 二萬	三萬 サンマン 三萬	四萬 スーマン 四萬	五萬 ウーマン 五萬	六萬 ローマン 六萬	七萬 チーマン 七萬	八萬 パーマン 八萬	九萬 キューマン 九萬
筒子 ピンズ	イーピン 一筒	リャンピン 二筒	サンピン 三筒	スーピン 四筒	ウーピン 五筒	ローピン 六筒	チーピン 七筒	パーピン 八筒	キューピン 九筒
索子 ソウズ	イーソウ 一條	リャンソウ 二條	サンソウ 三條	スーソウ 四條	ウーソウ 五條	ローソウ 六條	チーソウ 七條	パーソウ 八條	キューソウ 九條
字牌 じはい	東 トン 東	南 ナン 南	西 シャー 西	北 ペー 北	ハク 白	發 ハツ 發	中 チュン 中		

※註：日本稱「索」，台灣則稱「條」。

9　日本天氣圖記號

重要性　★★★☆☆
日常生活

在電視或新聞上的氣象預報中所看到的天氣圖記號，共表現了21種不同的天氣。本篇介紹其中一部分的天氣圖記號。靈感來源是達摩玩偶。

10 關於雨天的天氣預報

重要性 ★★★★☆
日常生活

天氣預報中特別容易受到注目的是雨天預報。
這篇是關於氣象廳在天氣預報中，使用的雨天預報用詞與涵義。
能詳細理解氣象預報的話，可以做為和同事、朋友閒聊的話題之一喔！靈感來源是雨傘。

也包含小雨
弱い雨（よわいあめ）
弱雨
每小時降雨量在 3 毫米以下。

雨嘩啦嘩啦地下
やや強い雨（つよいあめ）
中雨
每小時降雨量在 10～20 毫米。

大雨傾盆而下
強い雨（つよいあめ）
大雨
每小時降雨量在 20～30 毫米。

彷彿是用水桶來回傾倒的降雨
激しい雨（はげしいあめ）
豪雨
每小時降雨量在 30～50 毫米。

像瀑布般傾流而下的降雨
非常に激しい雨（ひじょうにはげしいあめ）
大豪雨
每小時降雨量在 50～80 毫米。

具有壓迫感，彷彿令人無法呼吸的雨勢
猛烈な雨（もうれつなあめ）
超大豪雨
每小時降雨量在 80 毫米以上。

天氣預報用語
～雨天篇～

所により にわか雨（ところにより／あめ）
陣雨
區域性發生
用於形容判別為驟雨性
（由積雨雲等雲層所產生的降雨）
降雨的天氣。

所により 一時雨（ところにより／いちじあめ）
陣雨
區域性發生
用於形容非驟雨性降雨，
或是無法判別為驟雨性降雨的天氣。

註：雨量的翻譯名詞對應台灣中央氣象局。

019

11 貓的毛色

重要性 ★★☆☆☆
動物

針對貓咪多變的毛色,做了大致的分類。
以橘色來說明的部分,其實包含了橘色和茶褐色。
靈感來源是烤糰子。

キジトラ 棕虎斑貓 褐色皮毛上帶有黑色條紋

クラシックタビー 古典紋虎斑貓 側腹帶有螺旋花紋的虎斑貓

茶トラ 橘貓* 淡橘色皮毛上有比較深色的橘色條紋

アグーティタビー 細紋虎斑貓 每一根毛都有非常細小的條紋

サバトラ 銀虎斑貓* 灰色皮毛上帶有黑色條紋

スポッテッドタビー 斑點虎斑貓 斑點紋毛色的貓咪

* 在日本多用茶色形容橘貓。

*「サバ」就是鯖,帶條紋的銀虎斑貓的毛色跟鯖魚相似。

白黒 賓士貓 有著黑白雙色的花紋

ミケ 三花貓 由白、黑、橘三色花紋所組成

サビ 玳瑁貓 有著黑、橘兩色混在一起的花紋

ポイント 重點色貓 臉、四肢、尾巴末端等末梢處毛色較濃

白 白貓 純色白貓

黒 黑貓 純色黑貓

グレー 灰貓 純色灰貓

12 狗的毛色

這篇整理了一部分的狗狗外套顏色（體毛）。
靈感來源是蠟筆。

重要性	★★☆☆☆
	動物

※ 僅列出一部分的毛色。

13　月相名稱

重要性 ★★★☆☆
名稱

從以前就深受人們喜愛的地球的衛星——月亮。
不同的月相都有各自美麗的名稱。
記下來的話，或許能在一些浪漫的場合派上用場喔？靈感來源是墨水瓶。

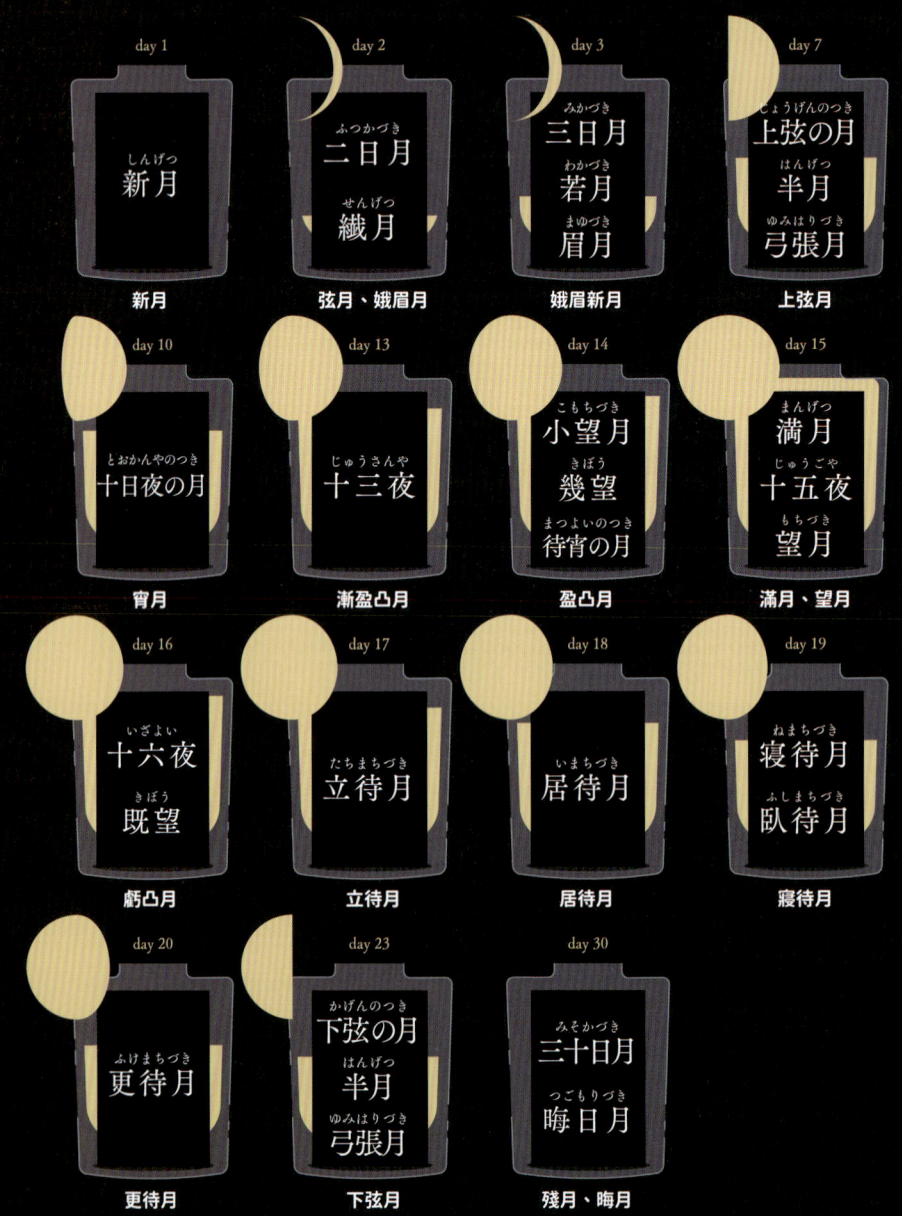

14　十二個滿月的名稱

重要性　★★★☆☆
名稱

你知道每個月的滿月都有各自的名稱嗎？
衷心期盼大家能一邊翻著本書一邊想著，今天的滿月叫什麼呢？
靈感來源是窗戶。

狼月

雪月

蟲月

粉月

花月

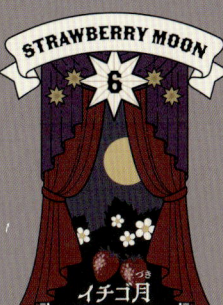
草莓月

鹿月

鱘魚月

豐收月

狩獵月、獵人月

海狸月

寒月

15 表現黎明和黃昏的詞語

*由於所列皆是形容黎明與黃昏的詞語，語意上差異較小，故不各別列出中文意思。

請好好欣賞美麗的日語吧。
左邊是用來表現黎明，右邊則是用來表現黃昏的詞語。
靈感來源是手機畫面。

重要性　★★☆☆☆

名稱

16 表現眼淚的日語

重要性 ★★☆☆☆
情感表現

流淚的理由有很多，而日語中用來形容眼淚的詞語也相當多。
說不定可以在創作歌詞或小說的時候派上用場。
靈感來源是雨滴。

一掬の涙（いっきくのなみだ）…形容兩手盛滿眼淚的悲傷。但也可用來比喻一點點的眼淚。

暗涙（あんるい）…形容不為人知的暗自落淚。

黃なる涙（きなるなみだ）…因傷悲而流淚，多用來形容野獸的眼淚。

紅の涙（くれないのなみだ）…悲痛欲絕的淚水，也代表感動不已。

思案涙（しあんなみだ）…因擔心所流下的淚水。

潮解く（しおとく）…被淚水浸溼。

袂の露（たもとのつゆ）…沾在和服袖口上的淚水。

隨喜の涙（ずいきのなみだ）…打從心底的喜悅而流下的淚水。

名殘の涙（なごりのなみだ）…因分離而感到悲傷的淚水。

初入（はつしお）…淚水將袖口浸染變色。多用在吟詠戀情所帶來的悲不自勝。

身を知る雨（みをしるあめ）…出自《伊勢物語》，將人在意會自身遭遇時的悲傷，以雨水比喻為眼淚。

026

17 表現雨的日語

重要性 ★★☆☆☆
表現

在第19頁有提過雨的種類，不過這裡介紹比較抒情的用法。
自古在短歌和俳句中就經常吟詠跟雨有關的主題。
靈感來源是糖果。

飛雨（ひう）
伴隨著強風的雨。

卯の花腐し（うのはなくたし）
空木花盛開時連綿不斷的降雨。俗稱梅雨。

翠雨（すいう）
打在草木綠葉上的雨。

天泣（てんきゅう）
天空無雲，卻在下雨的現象。

花の雨（はなのあめ）
落在櫻花上的雨滴。也用來形容櫻花開花時的降雨。

虎が雨（とらがあめ）
陰曆五月二十八日降下的雨。形容突然且短暫的雨。

外待雨（ほまちあめ）
只下在特定區域的雨。

篠突く雨（しのつくあめ）
彷彿竹篠一樣密集，強勁拍擊地面的傾盆大雨。

ひそか雨（ひそかあめ）
初春時節悄悄降下的細雨。

遣らずの雨（やらずのあめ）
彷彿是為了留住即將離開的人而降下的雨。

催花雨（さいか）
春天來臨，彷彿催促花朵綻放而降下的雨。

涙雨（なみだあめ）
只下一小陣子的雨。

薬降る（くすりふる）
陰曆五月五日正午左右的降雨。

七つ下りの雨（ななつさがりのあめ）
下午四點過後開始的降雨。

小夜時雨（さよしぐれ）
夜晚突然降下的陣雨。

雨をあらわす言葉たち

18 櫻花相關的日語

重要性 ★★★☆☆
表現

櫻花是日本的國花。從前似乎只要提到「花(はな)」就是指櫻花。一起用詞語來品味櫻花之美吧。

櫻花的各種面貌

朝桜（あさざくら）
沾染朝露的櫻花。

薄桜（うすざくら）
花色較淡的櫻花。

姥桜（うばざくら）
在綠葉長出來之前就先開花的櫻花之通稱。

遅桜（おそざくら）
晚開的櫻花。

木の花（このはな）
開在樹枝上的花朵，多指櫻花或梅花。

零れ桜（こぼれざくら）
滿開時四散飄飛的櫻花。也用來形容落英繽紛。

残桜（ざんおう）
尚未凋零的櫻花殘花。

空に知られぬ雪（そらにしられぬゆき）
形容櫻花花瓣飄落而下的情景。

遠山桜（とおやまざくら）
在遠方山頭盛開的櫻花。

名残の花（なごりのはな）
尚未凋零的殘花。多指櫻花。

初花（はつはな）
春天來臨時第一個盛開的花朵。多指櫻花。

余花（よか）
春末盛開的花。尤指晚開的櫻花。

櫻花的各種風景

花の雨（はなのあめ）
打在櫻花上的雨，也可指在櫻花盛開時的降雨。

花曇り（はなぐもり）
形容櫻花盛開季節，被淡淡的雲朵所遮蔽的天空。

花霞（はながすみ）
形容自遠方看到滿開的櫻花，彷彿籠罩了一層淡淡的霞色。

花嵐（はなあらし）
櫻花盛開時節吹拂的強風。也可指被此強風吹起漫天櫻花的景象。

花明り（はなあかり）
形容滿開的櫻花，彷彿讓夜色也隨之明亮起來。

桜吹雪（さくらふぶき）
遇上風吹而片片飄落的櫻花花瓣，形成如同大雪紛飛般的景色。

香雲（こううん）
將一整面盛開的櫻花等，比喻為雲朵的詞語。

花影（かえい）
因月光等的照射而產生的花影。多半用來指櫻花的花影。

桜雲（おううん）
形容自遠方看到整片盛放的櫻花，像是雲朵一般。

櫻花的譬喻詞語

梅と桜（うめとさくら）
梅與櫻。比喻美麗、精緻的事物一同出現，好事成雙。

桜唇（おうしん）
櫻唇。以櫻花比喻美人小巧優美的嘴唇。

五月の桜で葉ばかりさま（さつきのさくらではばかりさま）
五月櫻，只餘葉。帶有真不好意思、辛苦了的用意。

同期の桜（どうきのさくら）
同期之櫻。把予科練的同期生比喻為櫻花。現在則通指「同期」。

三日見ぬ間の桜（みっかみぬまのさくら）
不見方三日，世間滿櫻花。形容事物瞬息萬變或世事變化無常。

花は桜木人は武士（はなはさくらぎひとはぶし）
花屬櫻花，人惟武士。身而為人，就應當為最高尚的武士。

徒桜（あだざくら）
徒櫻。脆弱的櫻花花瓣，也可用來比喻虛幻飄渺的事物。

桜月（さくらづき）
櫻月。陰曆三月的別稱。

櫻花的季節詞語

桜時（さくらどき）
櫻花盛開的時節、花期。

花便り（はなだより）
櫻花開花狀態的消息。

花冷え（はなびえ）
指櫻花盛開時，一時性的氣溫驟降。

花催い（はなもよい）
櫻花彷彿快要綻放的感覺。

19 用來表現戀情的日語

重要性 ★★★☆☆

情感表現

被某個人強烈的吸引,偶爾還可能帶來難受的情感正是「戀愛」。
你的戀情是什麼樣的呢?靈感來源是膠囊。

はついろ **初色**	かたこい **片恋**
初戀	單戀

みだれこい **乱れ恋**	こいごろも **恋衣**
胡思亂想的戀情	時刻放在心上、朝思暮想的戀情

きょうれん **狂恋**	じゃれん **邪恋**
彷彿無法保持理智,激烈的戀情	形容不正當的戀情

あだぼれ **徒惚れ**	あだなさけ **徒情け**
輕挑的愛戀、心猿意馬的戀情	一時心血來潮的戀情

ひれん **悲恋**	おいらくのこい **老いらくの恋**
無法實現,而以悲劇結束的戀情	中老年才開始的戀愛

20 表現雪的日語

與「花」和「月」並列為代表大自然風光情趣的「雪」。
這裡也有非常多關於雪的美麗詞彙喔。
試著統整了雪的別名、雪的種類和雪景。

重要性 ★★☆☆☆
表現

雪的別稱

玉屑（ぎょくせつ）
雪的別名。多用來形容降雪。

青女（せいじょ）
會降下雪或霜的女神。一般來說卻是指雪或霜。

白魔（はくま）
把會帶來可怕災害的大雪比喻成魔物。

不香花（ふきょうのはな）
雪比作花，但雪花不具香氣。

御雪／深雪（みゆき）
雪的美稱。

雪の花（ゆきのはな）
雪的別稱。

六つの花（むつのはな）
把雪花比作花朵而得名。

六出（りくしゅつ）
雪花如六瓣花而得此別稱。

六出花（りくしゅっか）
雪花如六瓣花而得此別稱。

六花（りっか）
雪花如六瓣花而得此別稱。

六辺香（ろくへんこう）
「六邊」指六瓣，「香」比喻花。

雪的種類

綿雪（わたゆき）
像是席糯般綿軟的降下，彷彿棉花一樣輕柔、蓬鬆的大片雪花。

餅雪（もちゆき）
許多雪結晶附著、結合，形成較大的雪片時的降雪。也稱綿雪。

牡丹雪（ぼたんゆき）
像花瓣一樣較為大片的雪花。

花弁雪（はなびらゆき）
像花瓣一樣較為大片的雪。

たびら雪（たびらゆき）
又薄又大的雪片。春天的薄雪。

濡れ雪（ぬれゆき）
水分較多的雪。

湿雪（しっせつ）
飽含水分，溼潤的雪。

粗目雪（ざらめゆき）
顆粒像是粗粒砂糖般的積雪。

細雪（ささめゆき）
細小的雪。也可用來指零星降雪的畫面。

小米雪（こごめゆき）
雪像小米一樣細小，淅瀝淅瀝地降下。

乾雪（かんせつ）
水分較少，清爽乾燥且很輕的雪。

淡雪／泡雪（あわゆき）
像泡泡一樣輕柔，容易融化的雪。

各種雪景

回雪（かいせつ）
被風吹起的雪。

風花（かざはな）
晴天時，彷彿花瓣一般飄落的降雪。

里雪（さとゆき）
平地的降雪。

宿雪（しゅくせつ）
經過多時也沒有融化消失的雪、殘雪。

友待つ雪（ともまつゆき）
等待著下一次降雪到來的雪。

名残の雪（なごりのゆき）
即使春天到來也沒有融化消失的殘雪。

飛雪（ひせつ）
風吹拂時所降下的雪。

暮雪（ぼせつ）
傍晚時的降雪。也可用來指在傍晚時分看見的雪景。

斑雪（まだらゆき）
不規則降下所形成的斑駁積雪。

雪暗れ／雪暮れ（ゆきぐれ）
彷彿快要下雪而變暗的天空。

雪垂（ゆきしずり）
從樹枝上掉落下來的積雪。

雪持ち（ゆきもち）
樹梢和枝葉上的積雪。

030

21 表現冰的日語

重要性 ★★☆☆☆
表現

水固體化後的狀態──冰。
其冰冷和美麗被用在許多不同的詞語。靈感來源是冰柱。

薄ら氷(うすらひ) 薄冰。薄薄凍結的冰層。

垂氷(たるひ) 垂冰。冰柱。

初氷(はつごおり) 初冰。入冬後首次的結冰。

夕氷(ゆうごおり) 夕冰。傍晚時水結凍的現象。也可以指此現象所產生的冰。

氷解く(こおりとく) 融冰。春天到來後逐漸回溫，冰塊因此融化的現象。

蝉氷(せみごおり) 蟬冰。彷彿蟬的翅膀一樣的薄冰。

金氷(かなごおり) 金冰。由於非常寒冷，覺得自己如同冰塊一般。

釘氷(くぎこおり) 釘冰。因為寒冷，手腳如同釘子或冰塊凍住。

心の氷(こころのこおり) 心之冰。將無法擺脫的心事或內心的不安比喻成冰。

袖の氷(そでのこおり) 袖之冰。拭淚的袖子結了凍。也用來形容因悲傷而緊閉的心房。

氷の刃(こおりのやいば) 冰刃。將打磨後銳利的刀刃比喻為無暇清透的冰。

氷肌玉骨(ひょうきぎょっこつ) 冰肌玉骨。形容美麗的女子。也用來形容梅花。

22 和風圖騰

重要性 ★★★★☆

名稱

日本傳統的和風圖騰有不同的意思和來源。
在挑選帶有和風的雜貨，或是寫賀年卡的時候，請務必參考看看。
靈感來源是窗戶。

麻葉紋　麻の葉（あさのは）　祈求孩子平安成長，故常用在嬰兒服上

波紋　青海波（せいがいは）　祈願平穩祥和的生活

唐草　唐草（からくさ）　代表強勁的生命力和繁盛

紗綾形　紗綾形（さやがた）　多用於喜事

工字紋　工字繫ぎ（こうじつなぎ）　祈願工藝更加精進

箭羽紋　矢絣（やがすり）　適宜用於婚禮的賀禮、幸運物

菱形紋　菱文（ひしもん）　繩文時代，便開始使用的圖樣

鱗紋　鱗（うろこ）　代表消災避邪、除魔

千鳥紋　千鳥（ちどり）　祈願勝利的好運氣、順利達成目標

千鳥格紋　千鳥格子（ちどりごうし）　看起來像是千鳥成群飛翔的畫面

市松紋　市松（いちまつ）　得名自一位有名的歌舞伎演員

龜甲紋　亀甲（きっこう）　祈願長壽

七寶紋　七宝つなぎ（しっぽう）　圓圈相互緊繫在一起，表示圓滿之意

032

23 月份的別稱

重要性 ★★★☆☆

名稱

相信大家應該有聽過不同月份的別稱，
像是「睦月」或「如月」等，除此之外其實還有非常多種。
一起來看看，你或是所珍視的人的出生月份有什麼樣的別稱呢？

24 鳥的別名

重要性 ★★★☆☆
名稱

能夠讓人感受到季節和風景之美的鳥類別名。
昔日前人的精妙詞彙，閃耀著優雅風采。
靈感來源是咕咕鐘。

うたよみどり
歌詠鳥

しながどり
息長鳥

うぐいす
黃鶯

かいつぶり
鸊鷉

かちがらす
勝鳥

かんこどり
閑古鳥

じちょう
慈鳥

かささぎ
喜鵲

かっこう
郭公

からす
烏鴉

こいしりどり
戀知鳥

ちとせどり
千歲鳥

せきれい
白鶺鴒

つる
鶴

ときつげどり
時告鳥

こうてんし
告天子

たそがれどり
黃昏鳥

にわとり
雞

ひばり
雲雀

ほととぎす
小杜鵑

25 春之七草

重要性 ★★★★☆
有關日本傳統的知識

本篇介紹日本傳統於新春正月七日，摘取並煮成七草粥裡的七種嫩青菜。靈感來源是撲克牌。

せり 芹菜

なずな 薺菜

ごぎょう 鼠麴草（又名母子草）

はこべら 蘩蔞

ほとけのざ 稻槎菜

すずな 蕪菁

すずしろ 白蘿蔔

035

26 各式符號的意義①

重要性 ★★★★☆

名稱

日語中的「約物（やくもの）」代表句號、逗號和其他像括號類等的文字，也涵蓋數字以外的各種活字印刷符號的統稱。這篇收集並介紹了經常用在日語文章裡的符號。靈感來源是書。

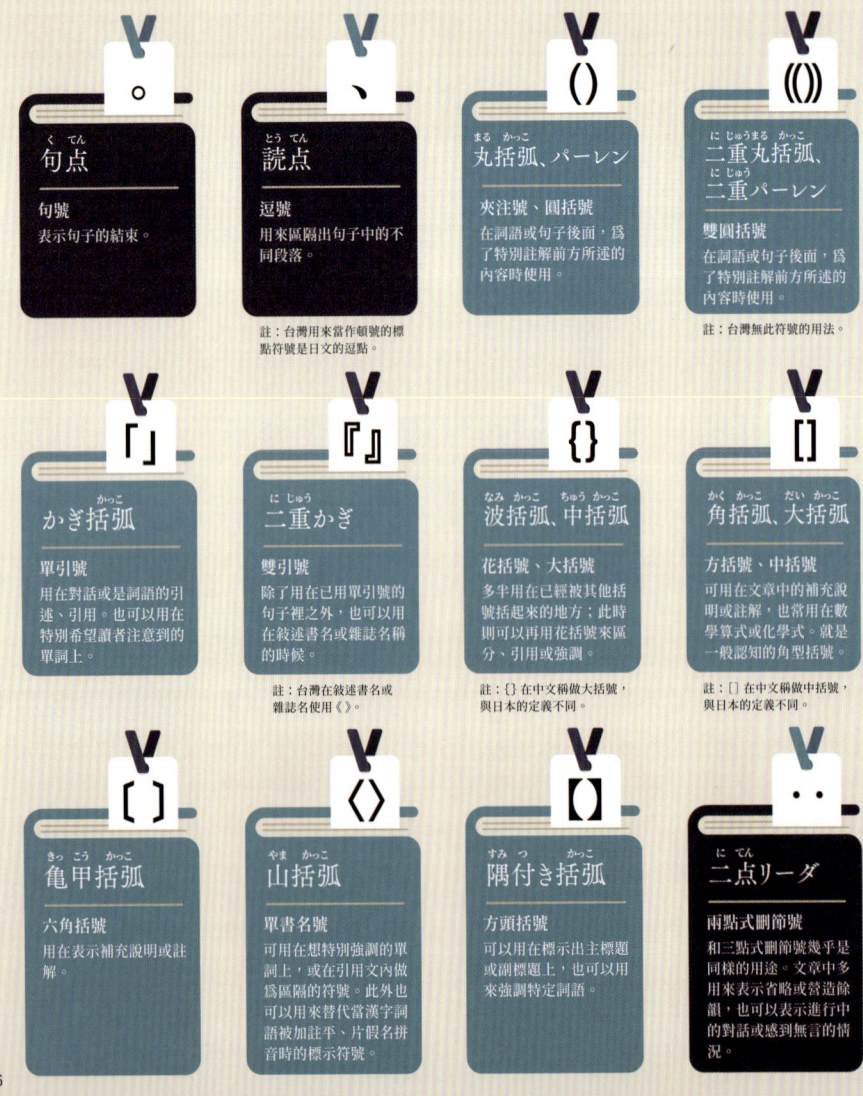

。 句点
句號
表示句子的結束。

、 読点
逗號
用來區隔出句子中的不同段落。
註：台灣用來當作頓號的標點符號是日文的逗點。

() 丸括弧、パーレン
夾注號、圓括號
在詞語或句子後面，為了特別註解前方所述的內容時使用。

(()) 二重丸括弧、二重パーレン
雙圓括號
在詞語或句子後面，為了特別註解前方所述的內容時使用。
註：台灣無此符號的用法。

「」 かぎ括弧
單引號
用在對話或是詞語的引述、引用。也可以用在特別希望讀者注意到的單詞上。

『』 二重かぎ
雙引號
除了用在已用單引號的句子裡之外，也可以用在敘述書名或雜誌名稱的時候。
註：台灣在敘述書名或雜誌名使用《》。

{} 波括弧、中括弧
花括號、大括號
多半用在已經被其他括號括起來的地方；此時則可以再用花括號來區分、引用或強調。
註：{}在中文稱做大括號，與日本的定義不同。

[] 角括弧、大括弧
方括號、中括號
可用在文章中的補充說明或註解，也常用在數學算式或化學式。就是一般認知的角型括號。
註：[]在中文稱做中括號，與日本的定義不同。

〔〕 亀甲括弧
六角括號
用在表示補充說明或註解。

〈〉 山括弧
單書名號
可以用在想特別強調的單詞上，或是在引用文內做為區隔的符號。此外也可以用來替代當漢字詞語被加註平、片假名拼音時的標示符號。

【】 隅付き括弧
方頭括號
可以用在標示出主標題或副標題上，也可以用來強調特定詞語。

‥ 二点リーダ
兩點式刪節號
和三點式刪節號幾乎是同樣的用途。文章中多用來表示省略或營造餘韻，也可以表示進行中的對話或感到無言的情況。

三点リーダ
三點式刪節號
文章中多用來表示省略或營造餘韻,也可以表示進行中的對話或感到無言的情況。此外,也可以用在目錄或索引頁上連接項目和頁碼。

中点、中黒
分隔號
於同一句子內並列複數詞語時使用。

ビュレット、圏点
小黑圓點符號
直式書寫時標記在文字的右邊,橫式書寫時則標記在文字上方。用來強調被標記的詞語。

二分二重ダーシ
二重連接號
用片假名書寫非漢字圈人名時的區隔符號。

註:猶如英文裡的dash,也就是「-」。例Mary-Kate Robinson,日文寫作マリー=ケイト・ロビンソン。

感嘆符、エクスクラメーションマーク
驚嘆號
用在句子結尾處用以表示驚嘆、驚呼。

疑問符、クエスチョンマーク
問號
用在句子結尾處表示疑問。

長音符号
長音符號
日語中標示母音(長母音)時所使用。

ダッシュ
破折號
除了和三點式刪節號一樣可以用來表示詞語間的「空白」之外,在針對前文進行補充說明的時候,也可以發揮跟圓括號一樣的功能。

波ダッシュ
波浪號
用來表示數值、時間或場所的範圍,也可以用在想省略句子或詞語後續的時候。

ノノ点、ノノ字点
同上符號
在表格等當中,可以用此符號來說明內容同上述。

庵点
庵點
用來標示詞曲、歌唱的開始。

踊り字
疊字符號
在日語中像「延々(綿延不斷)」這個詞語一樣,若單詞中重複使用同一個漢字,就會在第二個漢字處使用疊字符號。

米印
米字號
可以用在本文中沒有寫到而另外加註在段落之外的註解上。

註:疊字符號除了「々」之外,其他還有「ヽ」「ヾ」「ゝ」「ゞ」「仝」「〻」「ノ」「∧」等等。

037

27　各式符號的意義②

重要性 ★★★★☆

名稱

平時沒有太注意就隨心所欲使用的符號們。
本篇介紹不只是在日本，而是在世界各地都會被使用的符號。
利用這一篇讓自己的寫作力更上一層樓吧。
靈感來源是書。

.
終止符／
フルストップ／
ピリオド

句號
フルストップ（full stop，英式英文），ピリオド（period，美式英文）。表示句子的結束。

,
コンマ
comma

逗號
用來區隔出句子中的不同段落。也可以用來表示數字上的進位。

!
感嘆符／
エクスクラメーションマーク
exclamation mark

驚嘆號
用在句子結尾處，用以表示驚嘆、驚呼。

?
疑問符／
クエスチョンマーク
question mark

問號
用在句子結尾處，表示疑問。

‽
インテロバング
interrobang

疑問驚嘆號
結合了「！」和「？」，因此兼具了這兩個符號所代表的意思。

:
コロン
colon

冒號
顯示文章中的切點。除此之外也能夠被用在引用、舉例，以及表示時間。

;
セミコロン
semi-colon

分號
也可以用來表示文章中的切點，不過力度上較冒號弱一點。此外也可以用在暫時先打斷，後面直接著繼續說明的句子上。

-
ハイフン
hyphen

連字號
用於複合詞上兩單字間的連接。

'
アポストロフィー
apostrophe

撇號
（多半是表示母音）的省略。

/
斜線／
スラッシュ
slash

斜線號
用來區隔並列的詞語，也可以用來表示引用字句的換行。

\
逆斜線／
バックスラッシュ
backslash

逆斜線
電腦科學上會用到的特殊符號之一。

*
アステリスク
asterisk

星號
檔案上標示註腳的時候使用。

038

' '

一重引用符 /
シングルコーテーションマーク
single quotation mark

單引號

用在對話或是詞語的引述、引用。也可以加在特別希望讀者注意到的字句前後。

" "

二重引用符 /
ダブルコーテーションマーク
double quotation mark

雙引號

跟單引號一樣，可以用在對話或詞語的引述、引用。也可以加在特別希望讀者注意到的字句前後。

~

チルダ
tilde

變音符號

變音符號的其中一個，也可以當成數理記號使用。除此之外，電腦科學上也會用到。

#

ナンバー / 番号符
number

井字號

加在數字前以表示其為序號、號碼。跟No.是同樣意思。

&

アンパサンド
ampersand

＆號

代替英文的「and」。

§

セクション /
章標
secition

分節符號

表示章節的符號。

¶

パラグラフ /
段標
paragraph

段落符號

表示文章段落的符號。

@

単価記号 /
アットマーク
at mark

@符號

在地點前使用，表示在哪裡（at）的意思。也可以用在表示物品單價時。

註：台灣俗稱此符號為小老鼠。

＿

下線 /
アンダーライン /
アンダースコア
underline/underscore

下底線

橫式書寫的時候，可以用在想特別強調的字句下方。

′

プライム
prime

角分符號

可以用在角度、緯度、英吋、導數和分數等的標示上。

″

ツーダッシュ
double prime

角秒符號

可以用在角度、緯度、英吋、導數和秒數等的標示上。

039

28 〇〇曲

重要性 ★★☆☆☆

種類

如果喜歡音樂的話，以下這些曲名類型希望你都能知道。
你喜歡的曲子是哪一種類型的呢？
靈感來源是唱片。

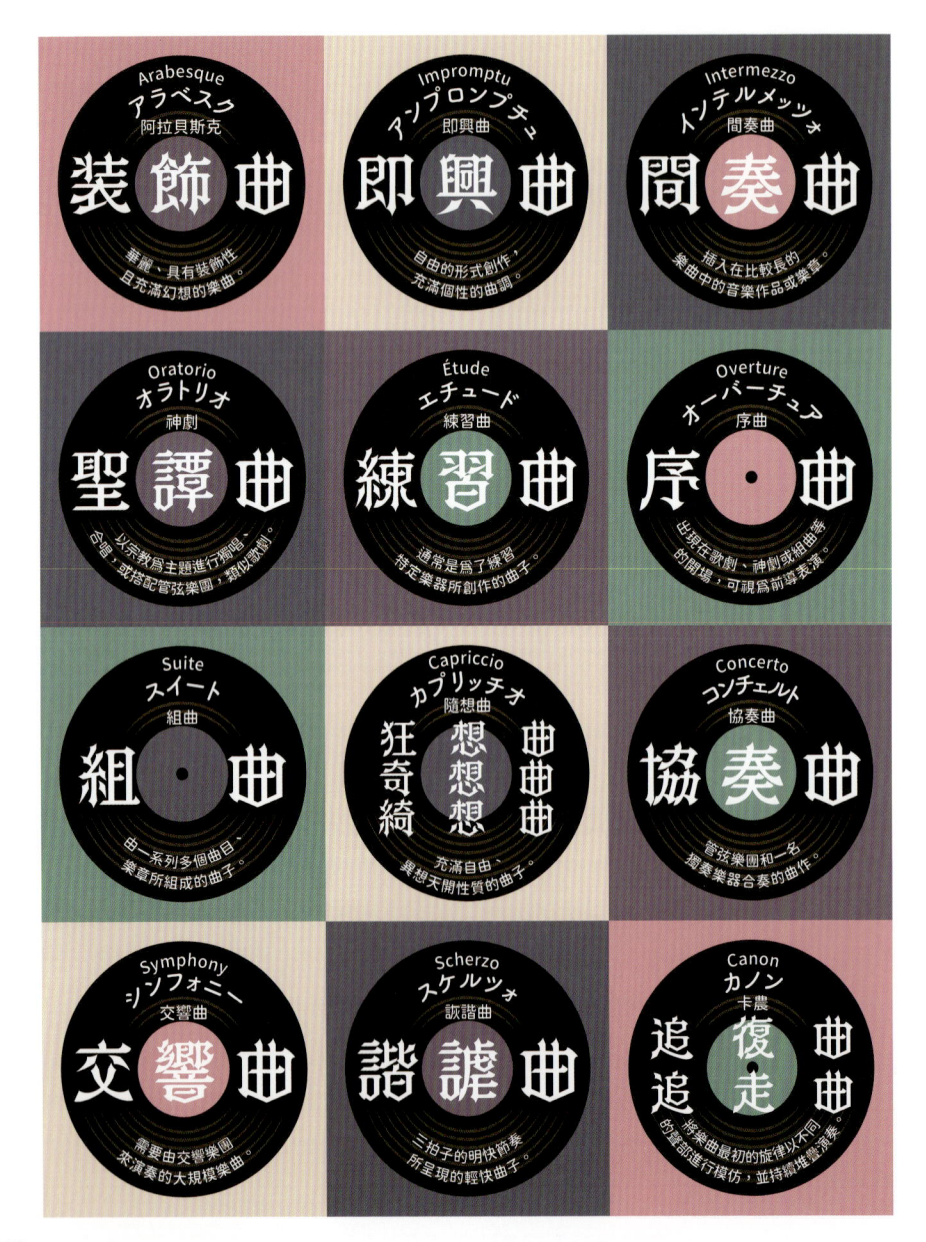

Arabesque アラベスク 阿拉貝斯克
裝飾曲
華麗、具有裝飾性且充滿幻想的樂曲。

Impromptu アンプロンプチュ 即興曲
即興曲
自由的形式創作，充滿個性的曲調。

Intermezzo インテルメッツォ 間奏曲
間奏曲
插入在比較長的樂曲中的音樂作品或樂章。

Oratorio オラトリオ 神劇
聖譚曲
以宗教為主題進行獨唱、合唱，或搭配管弦樂團，類似歌劇。

Étude エチュード 練習曲
練習曲
通常是為了練習特定樂器所創作的曲子。

Overture オーバーチュア 序曲
序曲
出現在歌劇、神劇或組曲等的開場，可視為前導表演。

Suite スイート 組曲
組曲
由一系列多個曲目、樂章所組成的曲子。

Capriccio カプリッチオ 隨想曲
狂奇綺想想想曲曲曲
充滿自由、異想天開性質的曲子。

Concerto コンチェルト 協奏曲
協奏曲
管弦樂團和一名獨奏樂器合奏的曲作。

Symphony シンフォニー 交響曲
交響曲
需要由交響樂團來演奏的大規模樂曲。

Scherzo スケルツォ 詼諧曲
諧謔曲
三拍子的明快節奏所呈現的輕快曲子。

Canon カノン 卡農
追復追追走曲曲曲
將樂曲最初的旋律以不同的聲部進行模仿，並持續堆疊疊演奏。

Nocturne ノクターン 夜曲	Sonata ソナタ 奏鳴曲	Serenade セレナーデ 小夜曲
夜想曲	奏鳴曲	小夜曲
表現出夜晚情感的抒情樂曲。	多個樂章組成的樂曲，其中至少包含一個奏鳴曲。	傍晚時分，在窗邊演奏給戀人聽的曲子。
Passion パッション 受難曲	Ballade バラード 敘事曲	March マーチ 進行曲
受難曲	譚詩曲	行進曲
以音樂訴說耶穌受難的故事。	帶有敘事性內容歌氛圍的歌曲、樂曲。	配合隊伍行進所演奏的曲子。
Fantasia ファンタジア 幻想曲	Prelude プレリュード 前奏曲	Fugue フーガ 賦格
幻想曲	前奏曲	遁走曲
用自由且充滿幻想的曲風所創作。	帶有導奏性質的樂曲。	最初的主旋律在曲中引入不同旋律線的模仿，形成互相追逐的風格。
Waltz ワルツ 圓舞曲	Rondo ロンド 迴旋曲	Rhapsody ラプソディー 狂想曲
円舞曲	輪舞迴旋曲	狂詩曲
四三拍帶來的輕快、優美的舞曲。	主旋律中加入其他樂段，形成主副旋律交替的風格。	曲風自由，不過多半是充滿民族特色或是帶有敘事性內容。

041

29 音樂術語

在音樂課上至少曾經看過一次的音樂術語。
其實每一個術語都非常有個性喔。會不會有點好奇要怎麼演奏出這些風格呢……

重要性 ★★☆☆☆

名稱

アマービレ *amabile* 愛らしく 和藹可親地	アニマート *animato* 生き生きと 活潑生動地	ブリッランテ **brillante** 華やかに 華麗地
カランド *calando* だんだん遅くしながら弱く 漸弱漸慢地	カルマート **CALMATO** 静かに 安靜地	カンタービレ *cantabile* 歌うように 如歌唱般地
カプリチョーソ *capriccioso* 気まぐれに 隨心所欲、隨想地	コモド *comodo* 気楽に 舒適地	コンブリオ **con brio** 活気をもって 充滿活力地
コンモート ***con moto*** 動きを付けて 有動感地	ドルチェ **dolce** 甘美に 甜美地	ファンタスティコ **FANTASTICO** 幻想的な 幻想地
フェスティヴォ *festivo* 陽気に 祭りのように 歡喜地、重滿節慶氣氛地	ジョコーソ **giocoso** 楽しげに 愉快、滑稽地	グランディオーソ **GRANDIOSO** 壯大に 莊嚴、壯大地
グラツィオーソ *grazioso* 優美に 優美地	イノチェンテ **Innocente** 無邪気に 天真地	インキエト **INQUIETO** 落ち着かない 不安に 不安地
ラメンタービレ *lamentabile* 哀れに 悲傷地	レガート *legato* 滑らかに 圓滑地	ミナッチョーソ **minaccioso** 脅かすように 充滿威脅地
ペルデンドシ *perdendosi* だんだん消えるように 逐漸消失地	ペザンテ **PESANTE** 重々しく 沉重地	スピリトーソ *spiritoso* 精神を込めて 有精神地

042

30 管弦樂團裡的簡稱

本篇的名詞對管樂團的團員來說或許是常識呢。
注意！不是全部都取樂器英文名稱的頭幾個字母當成縮寫喔。
靈感來源是制服。

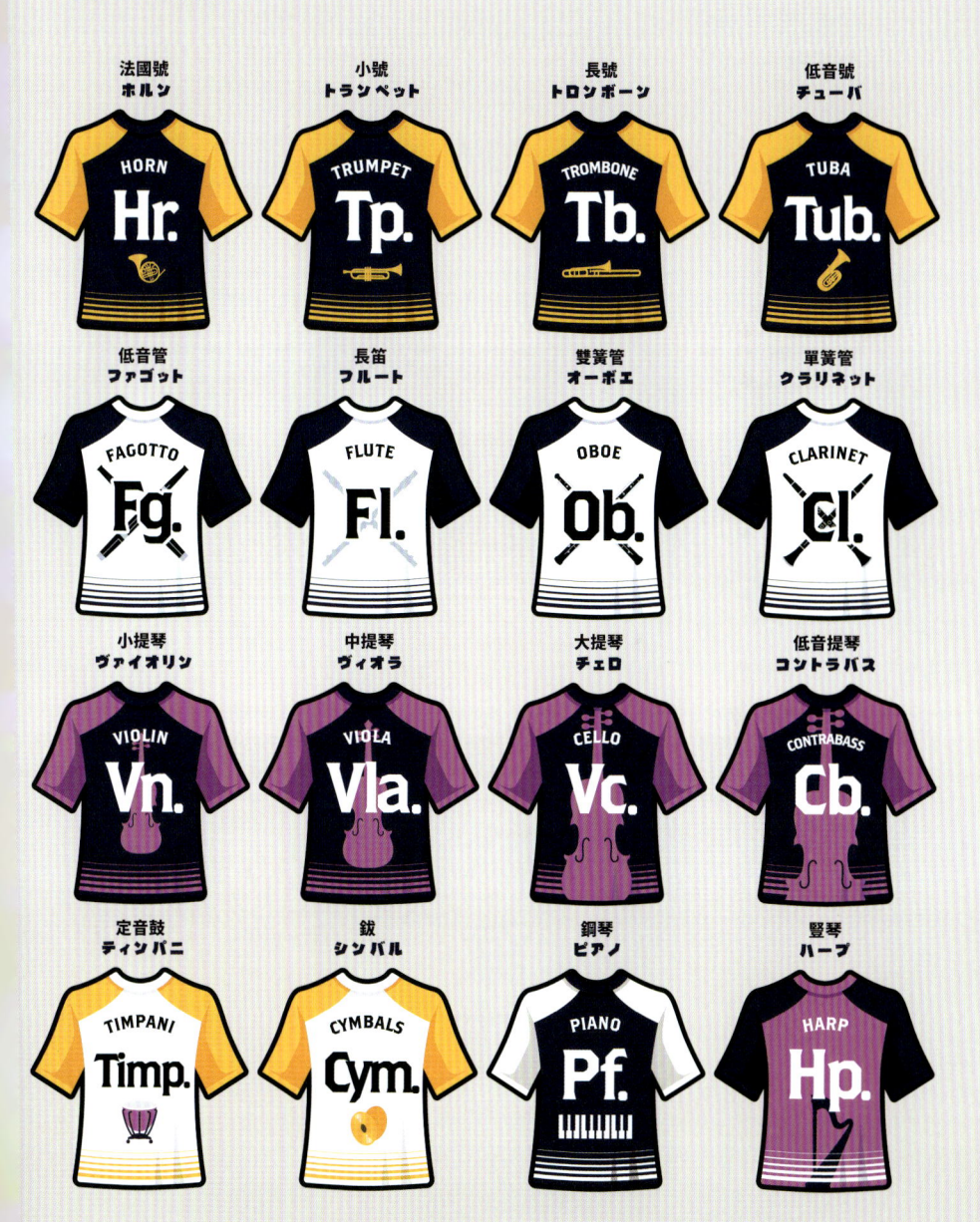

重要性 ★★☆☆☆
名稱、簡稱

法國號 ホルン	小號 トランペット	長號 トロンボーン	低音號 チューバ
HORN Hr.	TRUMPET Tp.	TROMBONE Tb.	TUBA Tub.

低音管 ファゴット	長笛 フルート	雙簧管 オーボエ	單簧管 クラリネット
FAGOTTO Fg.	FLUTE Fl.	OBOE Ob.	CLARINET Cl.

小提琴 ヴァイオリン	中提琴 ヴィオラ	大提琴 チェロ	低音提琴 コントラバス
VIOLIN Vn.	VIOLA Vla.	CELLO Vc.	CONTRABASS Cb.

定音鼓 ティンパニ	鈸 シンバル	鋼琴 ピアノ	豎琴 ハープ
TIMPANI Timp.	CYMBALS Cym.	PIANO Pf.	HARP Hp.

043

31 神社的種類（敬奉的神祇）

重要性 ★★★☆☆
種類

日本約有8萬間神社，敬奉的對象也非常多樣。
要不要再次好好瞭解，新年參拜時常去的神社呢？
靈感來源是門簾。

八幡（はちまん）
- 總本社：宇佐神宮（大分縣）
- 主祭神：八幡神（應神天皇）
- 地域的鎮守等等

伊勢（いせ）
- 總本社：伊勢神宮（三重縣）
- 主祭神：［內宮］天照大御神　［外宮］豐受大御神
- 日本人心靈的故鄉

稻荷（いなり）
- 總本社：伏見稻荷大社（京都府）
- 主祭神：宇迦之御魂神及其他四柱
- 祈求產業繁盛、生意興隆等等

熊野（くまの）
- 總本社：熊野本宮大社（和歌山縣）、熊野速玉大社（和歌山縣）、熊野那智大社（和歌山縣）
- 主祭神：家都美御子神、熊野速玉大神、熊野夫須美神
- 復甦的聖地

諏訪（すわ）
- 總本社：諏訪大社（長野縣）
- 主祭神：建御名方神・八坂刀賣神
- 五穀豐收、家族安康等等

祇園・津島（ぎおん・つしま）
- 總本社：八坂神社（京都府）、津島神社（愛知縣）
- 主祭神：素戔嗚尊、建速須佐之男命
- 遠離疾病等等

神社	總本社	主祭神	功能
天神	北野天滿宮（京都府）・太宰府天滿宮（福岡縣）	菅原道眞	試驗合格、學業成就等等
春日	春日大社（奈良縣）	武甕槌命・經津主命・天兒屋根命・比賣神	世界上最被珍視的神鹿
住吉	住吉大社（大阪府）	底筒男命・中筒男命・表筒男命・神功皇后	祛邪去穢、航海安全
淺間	富士山本宮淺間大社（靜岡縣）	木花之佐久夜毘賣命	順產、航海、漁業等等
金毘羅	金刀比羅宮（香川縣）	大物主神・崇德天皇	農業、醫藥、海上守護等等
宗像・嚴島	宗像大社（福岡縣）・嚴島神社（廣島縣）	市杵島姬命・田心姬命・湍津姬命	航海安全的庇護等等
惠比壽	西宮神社（兵庫縣）・美保神社（島根縣）	惠比壽大神・天照大御神・須佐之男大神・大國主大神・事代主神・三穗津姬命	商業繁盛、事業順遂等等
貴船	貴船神社（京都府）	高龗神	願望成眞、締結良緣等等
秋葉	秋葉山本宮秋葉神社（靜岡縣）	火之迦具土大神	防火庇佑、開運等等

32 信封尺寸

重要性 ★★★★☆

尺寸

即便是在以網路通訊作為主流發展的現代，
依舊扮演著重要角色的信封。
哪一個尺寸的信封可以放得下什麼樣的東西，
這個答案大家能馬上想起來嗎？
附註黃色星號的是特別常用的大小。靈感來源是email的收件匣。

🔍 信封的種類（尺寸大小） *以下日文為貼近當地的略稱。

	種類	可放入	規格	尺寸
☆	長形1號（ながいち）	A4紙沿長邊對折一次／B4紙沿短邊折三折	A4✗ B4✗	142×332（非定形）
☆	長形2號（ながに）	A4紙沿短邊折三折／B5紙沿長邊對折一次	A4 B5	119×277（非定形）
★	長形3號（ながさん）	A4紙沿短邊折三折	A4	120×235（定形）
☆	長形4號（ながよん）	B5紙沿短邊對折兩次	B5	90×205（定形）
☆	長形5號（ながご）	A5紙沿短邊折三折／B5紙沿短邊對折兩次	A5 B5	90×185（定形）
☆	長形6號（ながろく）	A4紙沿短邊折三折	A4	110×220（定形）
☆	長形30號（ながさんじゅう）	A4紙沿短邊對折兩次／B5紙沿短邊折三折	A4 B5	92×235（定形）
☆	長形40號（ながよんじゅう）	A4紙沿短邊對折兩次／B5紙沿短邊對折兩次	A4 B5	90×225（定形）
☆	角形0號（かくぜろ）	B4紙可整張放入	B4	287×382（非定形）
☆	角形1號（かくいち）	B4紙可整張放入	B4	270×382（非定形）
★	角形2號（かくに）	A4紙可整張放入	A4	240×332（非定形）
★	角形3號（かくさん）	B5紙可整張放入	B5	216×277（非定形）

*註：日本郵局的「定形郵件」是23.5×12×1公分、重量50g以內的郵件。超過這個規格就叫「定形外郵便物」，而定形外郵便物又分規格內&規格外兩種

☆	角形 4 號（かくよん）	B5 紙可整張放入	B5	197 × 267（非定形）
☆	角形 5 號（かくご）	A5 紙可整張放入	A5	190 × 240（非定形）
☆	角形 6 號（かくろく）	A5 紙可整張放入	A5	162 × 229（非定形）
☆	角形 7 號（かくなな）	B6 紙可整張放入	B6	142 × 205（非定形）
☆	角形 8 號（かくはち）	日幣紙鈔可直接平放／B5 紙沿短邊折三折	紙幣 B5	119 × 197（定形）
☆	角形 20 號（かくにじゅう）	A4 紙可整張直接放入	A4	229 × 324（非定形）
☆	洋形 1 號（よういち）	A5 紙沿短邊對折一次／明信片、卡片	A5 卡片	176 × 120（定形）
★	洋形 2 號（ように）	A5 紙沿短邊對折一次／明信片、卡片	A5 卡片	162 × 114（定形）
☆	洋形 3 號（ようさん）	B5 紙對折再對折	B5	148 × 98（定形）
☆	洋形 4 號（ようよん）	A4 紙沿短邊折三折	A4	235 × 105（定形）
☆	洋形 5 號（ようご）	A5 紙沿長邊對折一次	A5	217 × 95（定形）
☆	洋形 6 號（ようろく）	B5 紙沿短邊折三折	B5	190 × 98（定形）
☆	洋形 7 號（ようなな）	A5 紙沿短邊折三折	A5	165 × 92（定形）
☆	洋形特 1 號（ようとくいち）	B6 紙可整張放入	B6	198 × 138（非定形）
☆	洋形長 3 號（ようながさん）	A4 紙沿短邊折三折	A4	235 × 120（定形）
☆	洋形長 4 號（ようながよん）	B5 紙沿短邊對折兩次	B5	205 × 90（定形）

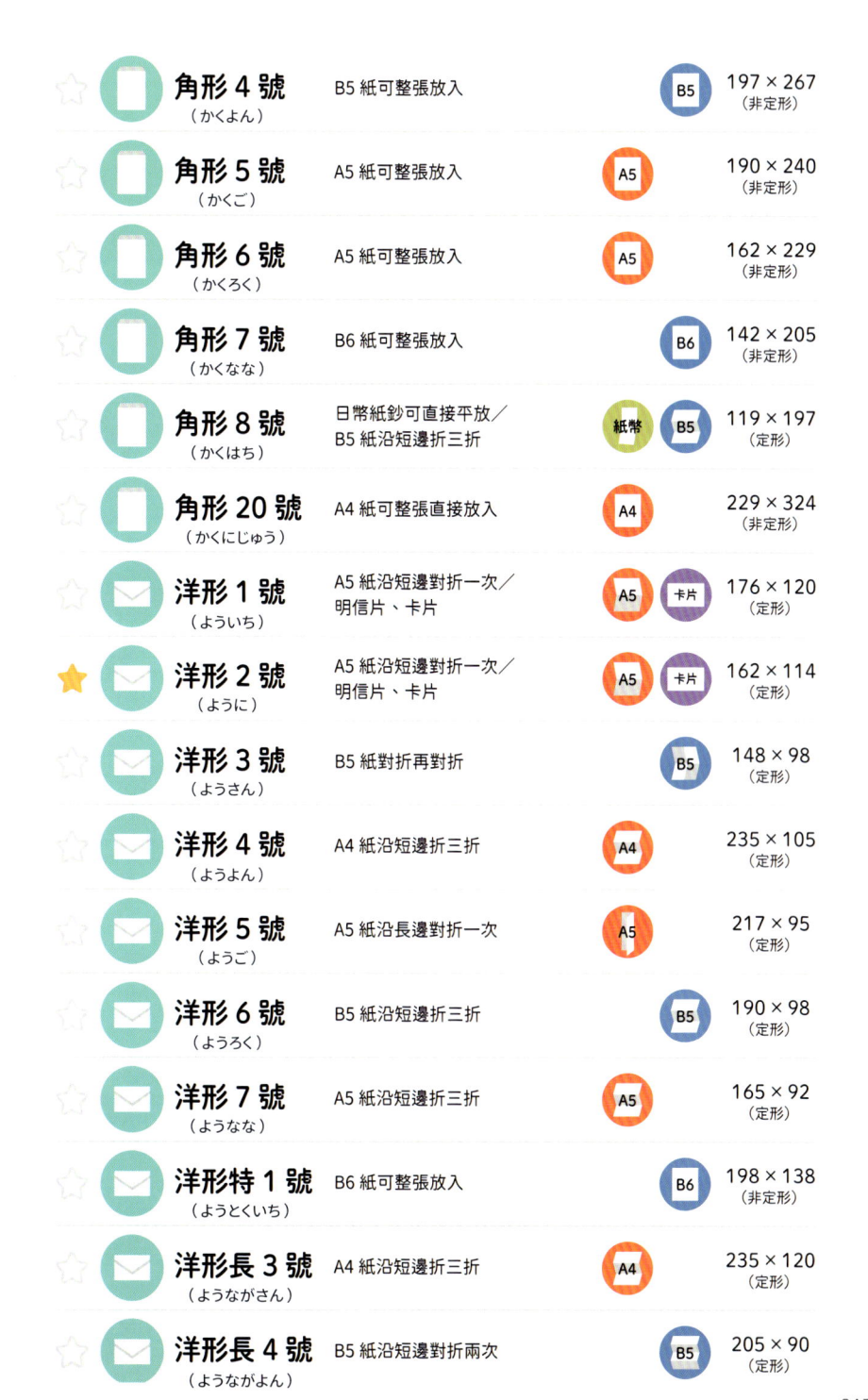

33 數字單位

重要性 ★★☆☆☆
單位

萬、億、兆的下一個單位是京,那再下一個呢……?
那之後還有下一個,下下個,後面也還有很多單位喔。
可能用到的機會不多,但偶然派上用場時,
如果能說得出來會很帥喔!靈感來源是郵票。

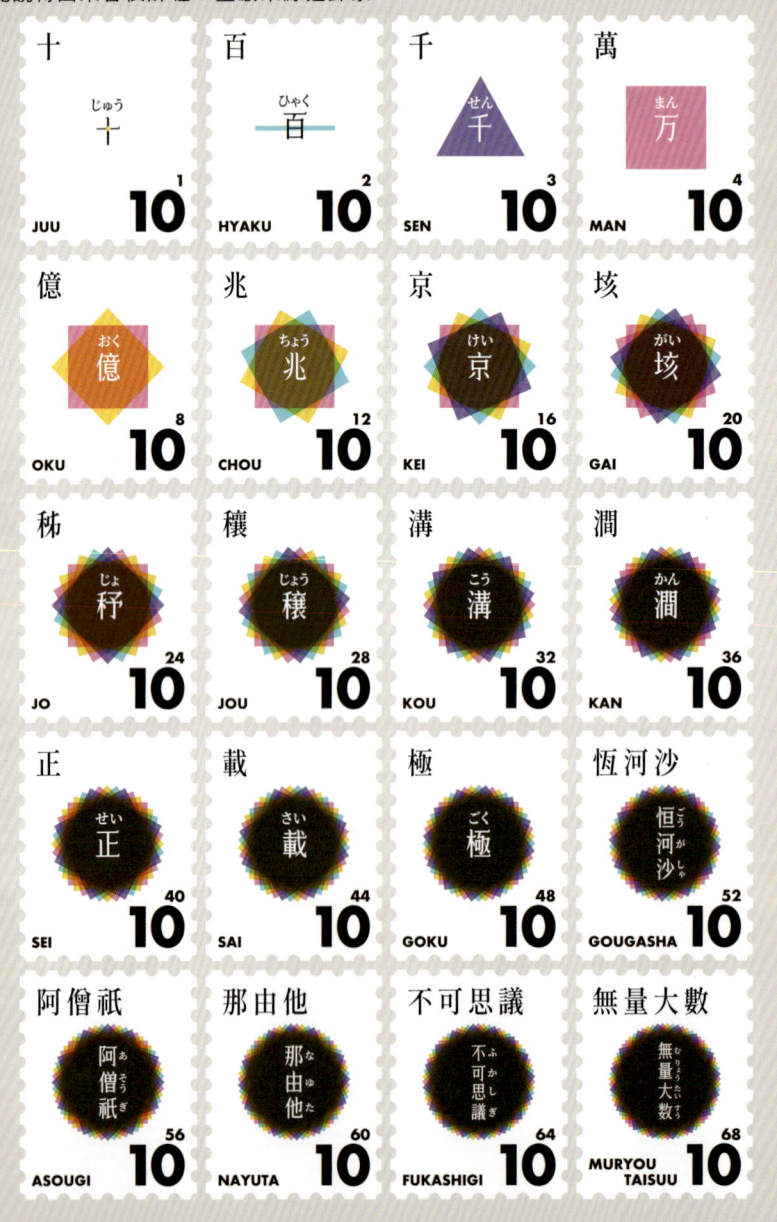

十 じゅう JUU 10^1	百 ひゃく HYAKU 10^2	千 せん SEN 10^3	萬 まん MAN 10^4
億 おく OKU 10^8	兆 ちょう CHOU 10^{12}	京 けい KEI 10^{16}	垓 がい GAI 10^{20}
秭 じょ JO 10^{24}	穰 じょう JOU 10^{28}	溝 こう KOU 10^{32}	澗 かん KAN 10^{36}
正 せい SEI 10^{40}	載 さい SAI 10^{44}	極 ごく GOKU 10^{48}	恆河沙 ごうがしゃ GOUGASHA 10^{52}
阿僧祇 あそうぎ ASOUGI 10^{56}	那由他 なゆた NAYUTA 10^{60}	不可思議 ふかしぎ FUKASHIGI 10^{64}	無量大數 むりょうたいすう MURYOU TAISUU 10^{68}

34 數據大小的單位

手機容量的單位想必大家都很熟悉。
GB跟MB，哪一個比較大啊……這種時候請想起這一篇吧！
靈感來源是動物。

重要性 ★★★☆☆

單位

*註：下列英文為背誦口訣。

YB（ヨタバイト）Your planet*
（yottabyte、堯位元組）你的星球

ZB（ゼタバイト）Zoo
（zettabyte、皆位元組）動物園

EB（エクサバイト）Elephant
（exabyte、艾位元組）大象

PB（ペタバイト）Polar bear
（petabyte、拍位元組）北極熊

TB（テラバイト）Tiger
（terabyte、兆位元組）老虎

GB（ギガバイト）Gorilla
（gigabyte、十億位元組）猩猩

MB（メガバイト）Monkey
（megabyte、百萬位元組）猴子

KB（キロバイト）Koala
（kilobyte、千位元組）無尾熊

B（バイト）Bat
（byte、位元組）蝙蝠

b（ビット）bee
（bit、位元）蜜蜂

35 單位的漢字

重要性 ★☆☆☆☆

單位

你知道公升或公尺這些單位，都可以用一個漢字來表示嗎？看過這篇後，除了可以知道各個單位的漢字怎麼寫之外，也能記住單位的大小順序，可以說是一石二鳥。

長度

mm	粍	ミリメートル / 公釐
cm	糎	センチメートル / 公分
dm	粉	デシメートル / 公寸
m	米	メートル / 公尺
dam	籵	デカメートル / 公丈
hm	粨	ヘクトメートル / 公引
km	粁	キロメートル / 公里

（每階 ×10）

體積

mL	竓	ミリリットル / 毫升
cL	竰	センチリットル / 厘升
dL	竕	デシリットル / 公合
L	立	リットル / 公升
daL	竍	デカリットル / 公斗
hL	竡	ヘクトリットル / 公石
kL	竏	キロリットル / 公秉

（每階 ×10）

重量

mg	瓱	ミリグラム / 毫克
cg	甅	センチグラム / 公毫
dg	瓰	デシグラム / 公銖
g	瓦	グラム / 公克
dag	瓧	デカグラム / 公錢
hg	瓸	ヘクトグラム / 公兩
kg	瓩	キログラム / 公斤

（每階 ×10）

36 紙張尺寸

因為搞錯尺寸必須要重新製作檔案……
光是想像這個情況就覺得好可怕啊！
能記住常用的尺寸一定會有幫助的。

重要性	★★★★☆
單位	

A0 841×1189
A1 594×841
A2 420×594
A3 297×420
A4 210×297
A5 148×210
A6 105×148
A7 74×105

B0 1030×1456
B1 728×1030
B2 515×728
B3 364×515
B4 257×364
B5 182×257
B6 128×182
B7 91×128

名片（一般的尺寸）
名刺 55×91
L 89×127
2L 127×178
明信片
ハガキ 100×148

051

37 快捷鍵

重要性 ★★★★☆
電腦

嚴選了記起來後會很有幫助的快捷鍵！
需要重複執行的工作就讓快捷鍵來幫忙迅速完成吧。
※對應windows作業系統

コピー Ctrl + C 複製	切り取り Ctrl + X 剪下	貼り付け Ctrl + V 貼上
全選択 Ctrl + A 全選	元に戻す Ctrl + Z 復原	やり直し Ctrl + Y 撤銷復原
置換 Ctrl + H 尋找及取代	検索 Ctrl + F 尋找	印刷 Ctrl + P 列印
新規作成 Ctrl + N 新增視窗、檔案	開く Ctrl + O 開啟檔案	上書き保存 Ctrl + S 儲存

38 錯誤代碼

重要性 ★★☆☆☆

電腦

偶爾會在開啟網頁後看到的錯誤代碼。
其實可以從頁面上顯示的三位數號碼，來判斷出現錯誤的原因。
下次瀏覽網頁時遇到狀況，請參考這篇吧。靈感來源是冰淇淋。

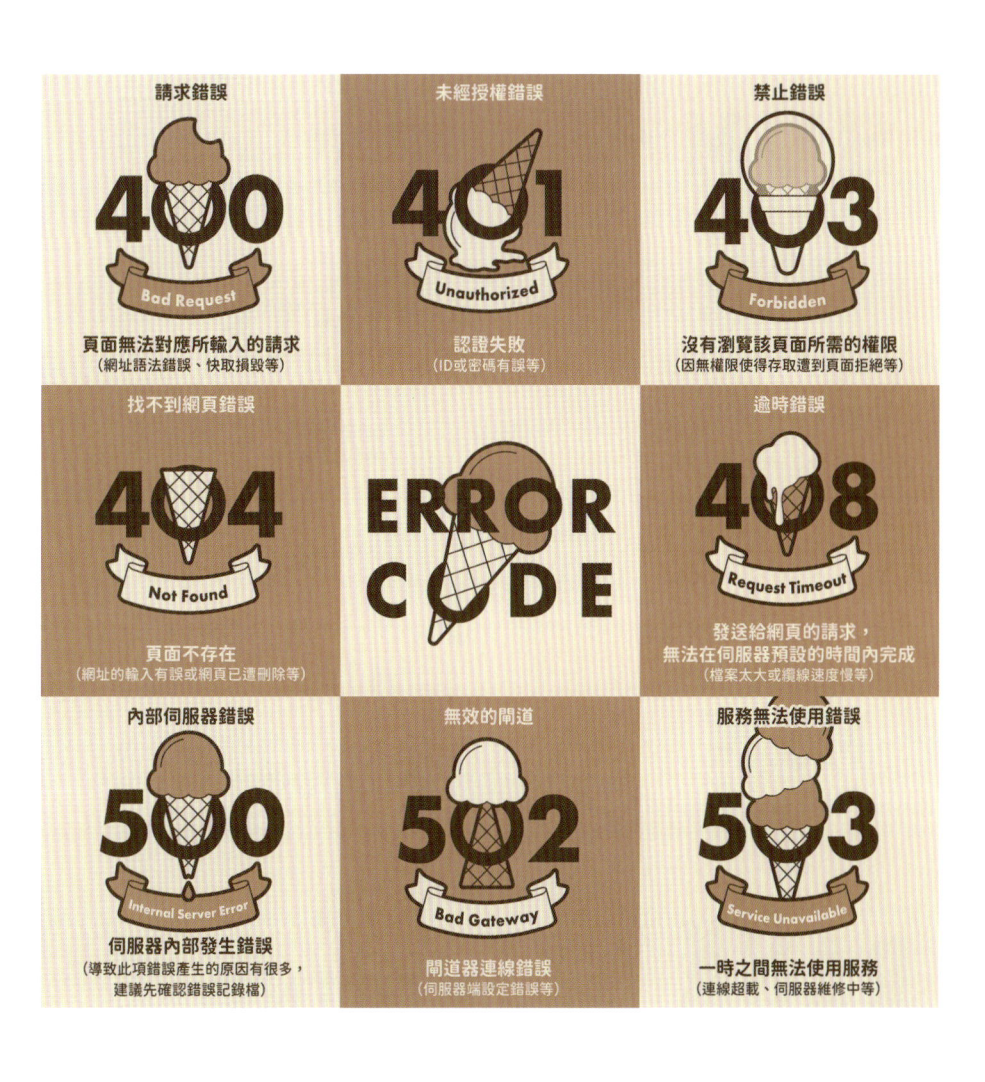

請求錯誤
400 Bad Request
頁面無法對應所輸入的請求
（網址語法錯誤、快取損毀等）

未經授權錯誤
401 Unauthorized
認證失敗
（ID或密碼有誤等）

禁止錯誤
403 Forbidden
沒有瀏覽該頁面所需的權限
（因無權限使得存取遭到頁面拒絕等）

找不到網頁錯誤
404 Not Found
頁面不存在
（網址的輸入有誤或網頁已遭刪除等）

ERROR CODE

逾時錯誤
408 Request Timeout
發送給網頁的請求，
無法在伺服器預設的時間內完成
（檔案太大或纜線速度慢等）

內部伺服器錯誤
500 Internal Server Error
伺服器內部發生錯誤
（導致此項錯誤產生的原因有很多，
建議先確認錯誤記錄檔）

無效的閘道
502 Bad Gateway
閘道器連線錯誤
（伺服器端設定錯誤等）

服務無法使用錯誤
503 Service Unavailable
一時之間無法使用服務
（連線超載、伺服器維修中等）

39 Excel函數

重要性 ★★★☆☆

電腦

如果Excel只用來輸入文字資訊的話，就太浪費其功用了！
這篇收集了適合初學者用的函數公式。
在圖標右側的表格即是該函數的範例。
如果看了之後有「我就是想做出這個啦！」的想法，不妨試試看吧。

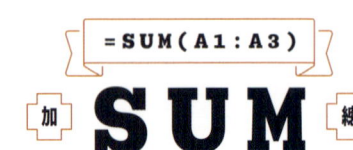

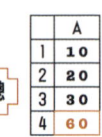

SUM
加總
=SUM(A1:A3)

	A
1	10
2	20
3	30
4	60

COUNTIF
計算符合特定準則的儲存格數目
=COUNTIF(A1:A3,"10")

	A
1	10
2	20
3	30
4	1

AVERAGE
平均值
=AVERAGE(A1:A3)

	A
1	10
2	20
3	30
4	20

SUMIF
加總符合指定條件的數字
=SUMIF(A1:A3,"APPLE",B1:B3)

	A	B	C
1	APPLE	10	25
2	BANANA	50	
3	APPLE	15	

MAX / MIN
最大值 最小值
=MAX(A1:A3)
=MIN(A1:A3)

	A
1	10
2	20
3	30
4	30

	A
1	10
2	20
3	30
4	10

VLOOKUP
帶入指定引數，撈出所需資訊
=VLOOKUP(A5,A1:C3,2)
查找目標 查找範圍 查找的欄位數

	A	B	C
1	101	APPLE	10
2	102	BANANA	20
3	103	ORANGE	30
4			
5	101	APPLE	

RANK
排名
=RANK(A1,A1:A3)

	A	B
1	10	3
2	20	
3	30	

ROUND
四捨五入
=ROUND(A1,0)

	A
1	1.234
2	1

40 希臘數字

重要性 ★★☆☆☆

記號

因為新冠疫情的關係，開始常常聽到的希臘數字。
其實希臘數字經常被用在自然科學和工程等領域。
靈感來源是徽章。

記號	讀音	記號	讀音	記號	讀音	記號	讀音
A α	アルファ Alpha	B β	ベータ Beta	Γ γ	ガンマ Gamma	Δ δ	デルタ Delta
E ε	イプシロン Epsilon	Z ζ	ゼータ Zeta	H η	イータ Eta	Θ θ	シータ Theta
I ι	イオタ Iota	K κ	カッパ Kappa	Λ λ	ラムダ Lambda	M μ	ミュー Mu
N ν	ニュー Nu	Ξ ξ	クサイ Xi	O ο	オミクロン Omicron	Π π	パイ Pi
P ρ	ロー Rho	Σ σ	シグマ Sigma	T τ	タウ Tau	Υ υ	ユプシロン Upsilon
Φ φ	ファイ Phi	X χ	カイ Chi	Ψ ψ	プサイ Psi	Ω ω	オメガ Omega

41 PCCS色調

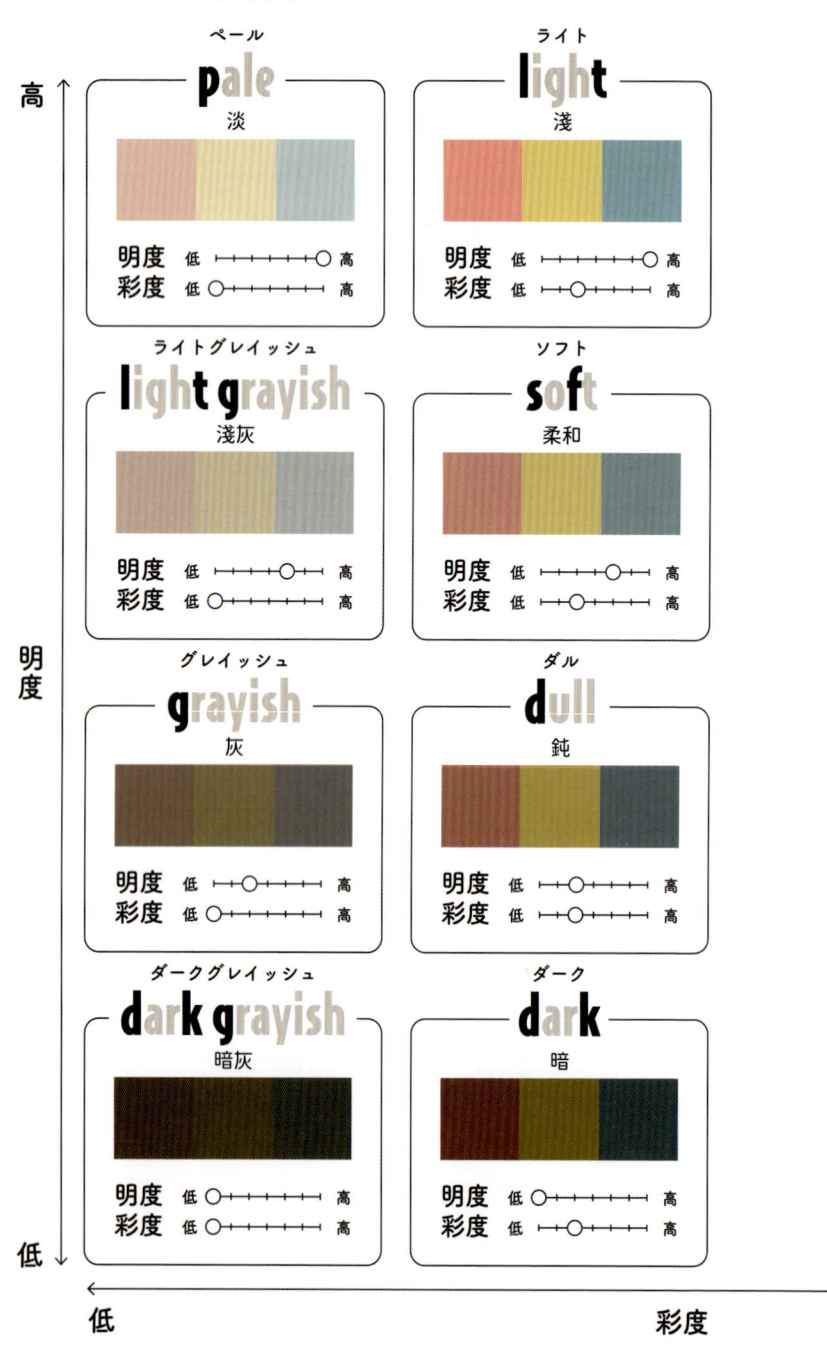

ペール
pale
淡
明度 低 ──────○ 高
彩度 低 ○────── 高

ライト
light
淺
明度 低 ────○── 高
彩度 低 ──○──── 高

ライトグレイッシュ
light grayish
淺灰
明度 低 ───○── 高
彩度 低 ─○──── 高

ソフト
soft
柔和
明度 低 ───○── 高
彩度 低 ───○── 高

グレイッシュ
grayish
灰
明度 低 ──○─── 高
彩度 低 ─○──── 高

ダル
dull
鈍
明度 低 ──○─── 高
彩度 低 ──○─── 高

ダークグレイッシュ
dark grayish
暗灰
明度 低 ─○──── 高
彩度 低 ─○──── 高

ダーク
dark
暗
明度 低 ─○──── 高
彩度 低 ──○─── 高

明度 ↑高 ↓低

彩度 ←低 高→

在設計或美術的領域內會學到的色彩體系表。
最近也經常用在診斷個人色彩。
如果對顏色的知識有更深的理解，
說不定能將身邊的景色看得更清楚喔。

重要性	★☆☆☆☆
色彩	

ブライト
bright
明亮

ストロング
strong
強

ビビッド
vivid
鮮豔

ディープ
deep
濃、深

高

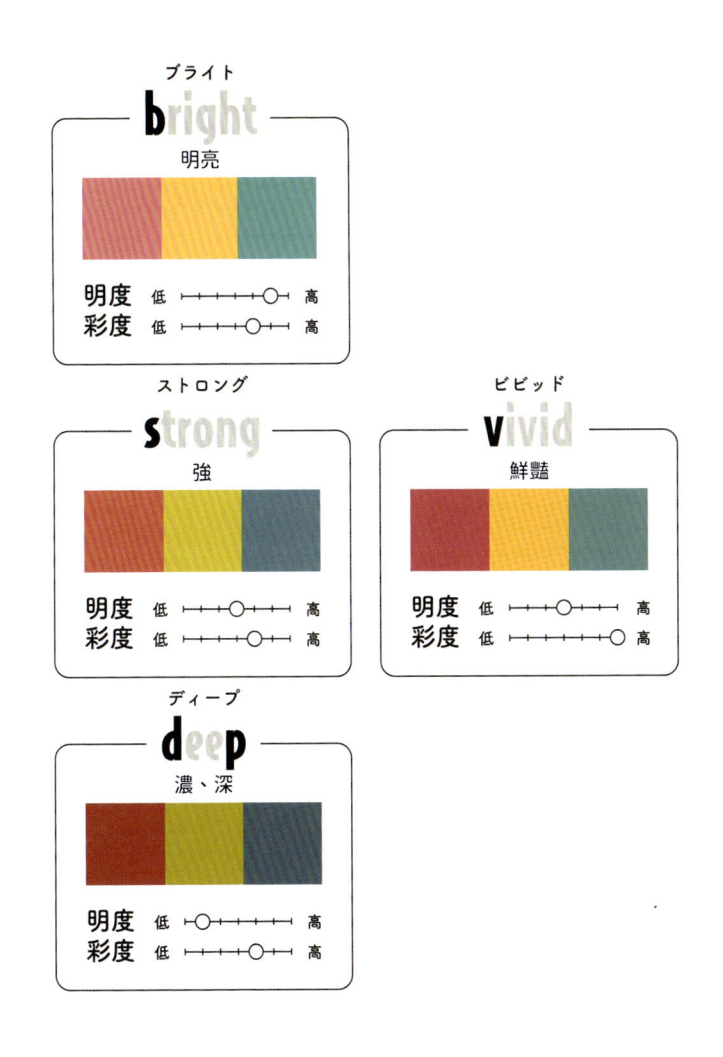

057

42 點字和摩斯密碼

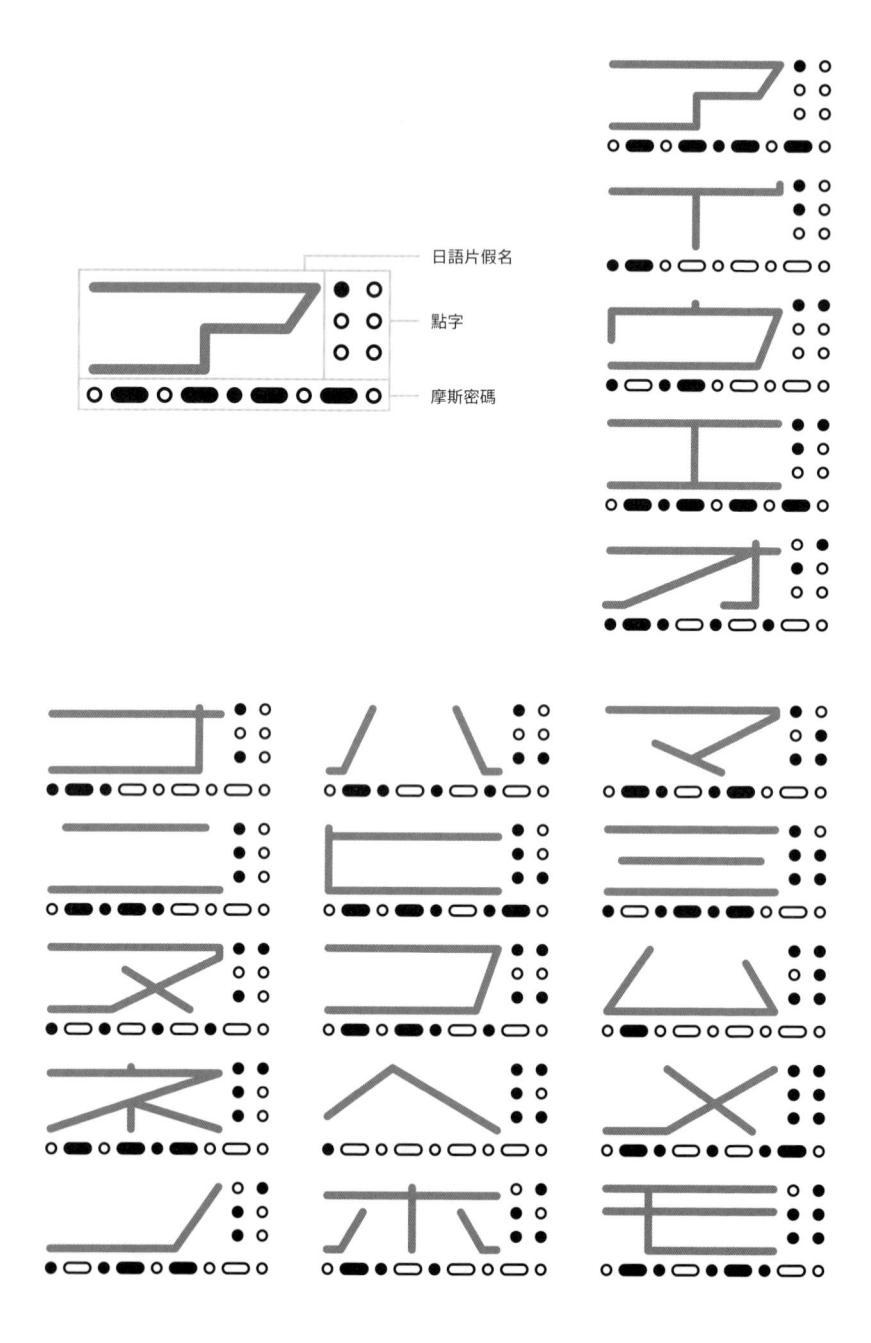

日語片假名
點字
摩斯密碼

點字在自動售票機、罐裝啤酒等許多地方都會用到。
如果學會怎麼讀，也許總有一天可以為誰伸出援手。
雖然摩斯密碼應該是很難用到啦……

重要性　★★★★☆

記號

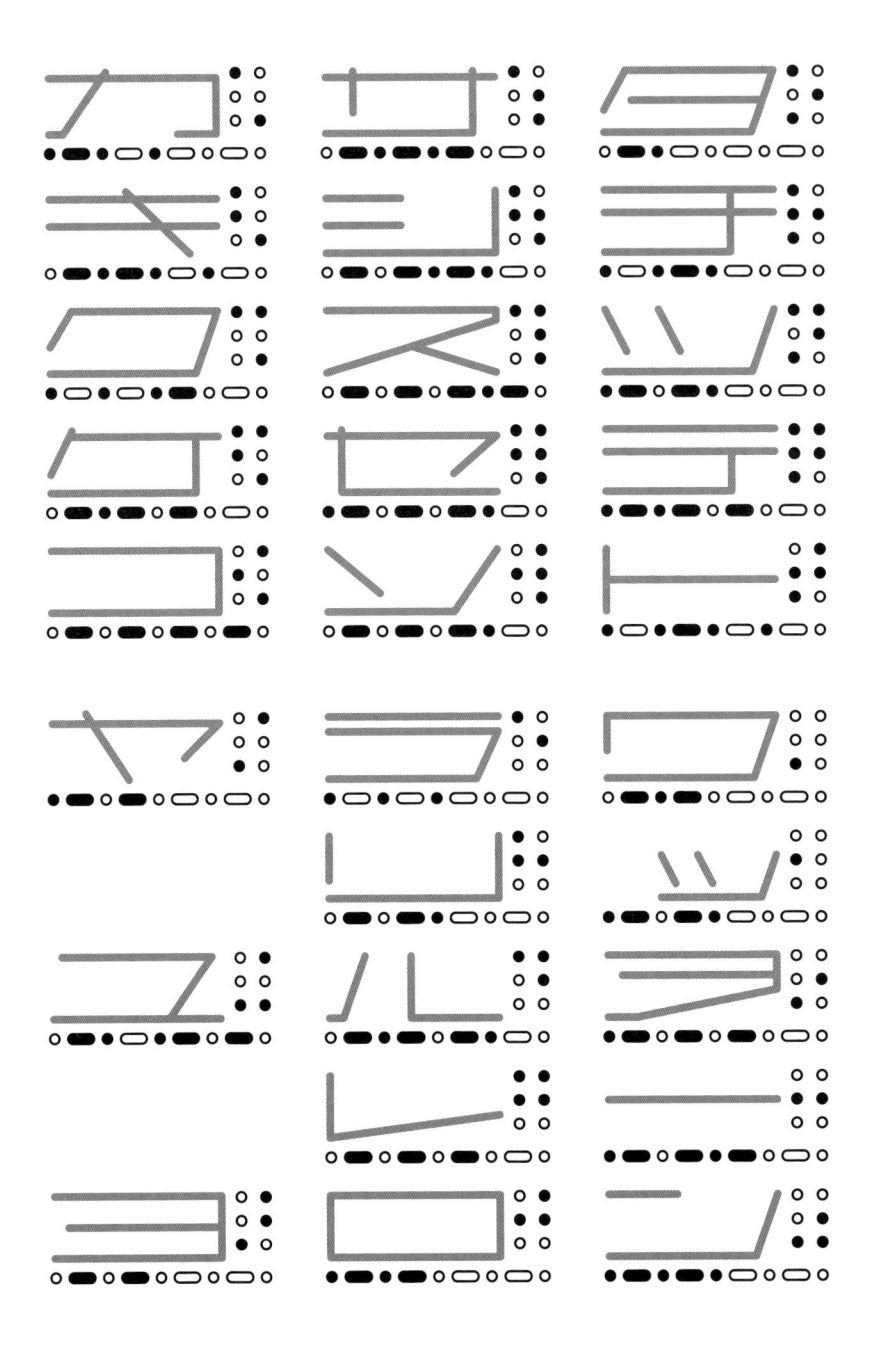

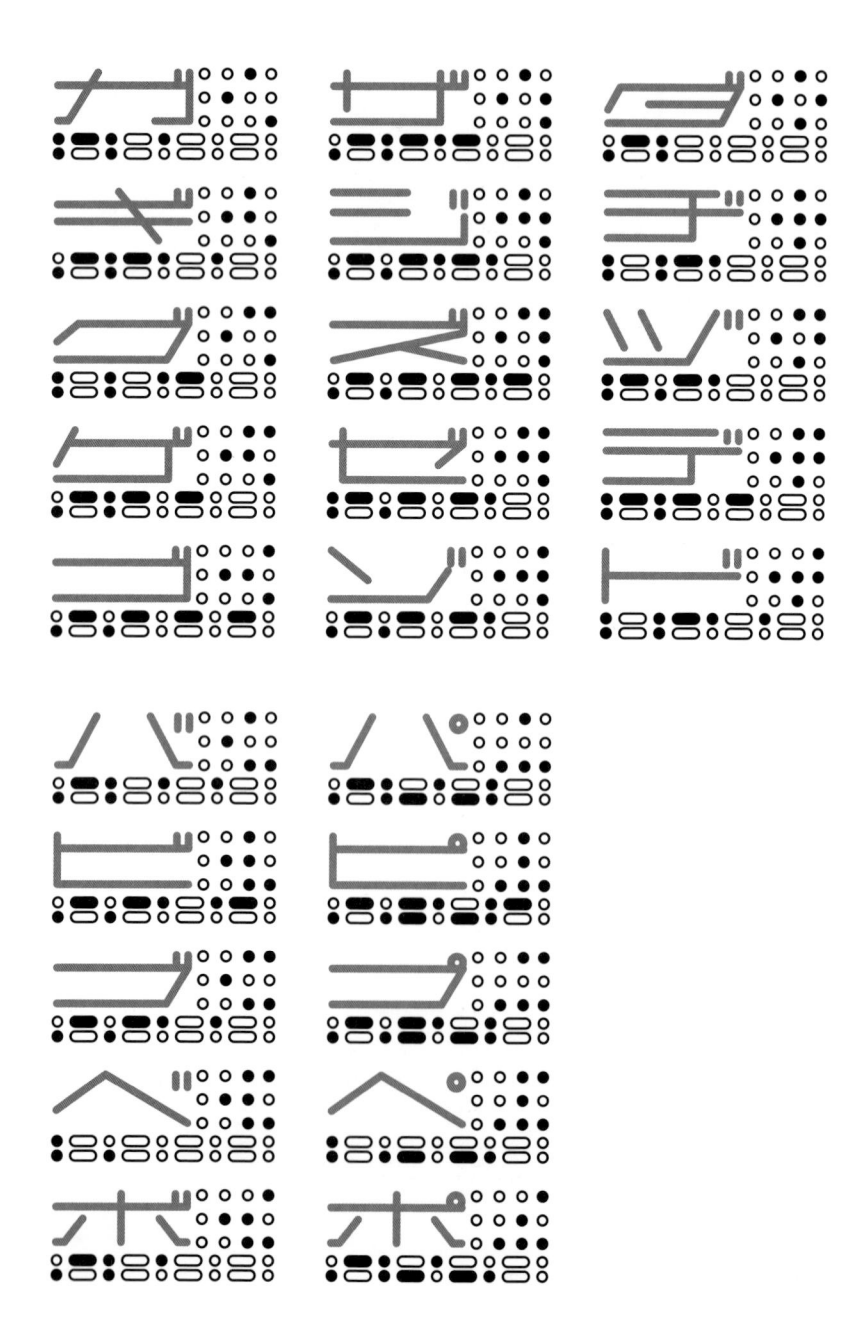

ガ	ザ	ダ
ギ	ジ	ヂ
グ	ズ	ヅ
ゲ	ゼ	デ
ゴ	ゾ	ド

バ	パ
ビ	ピ
ブ	プ
ベ	ペ
ボ	ポ

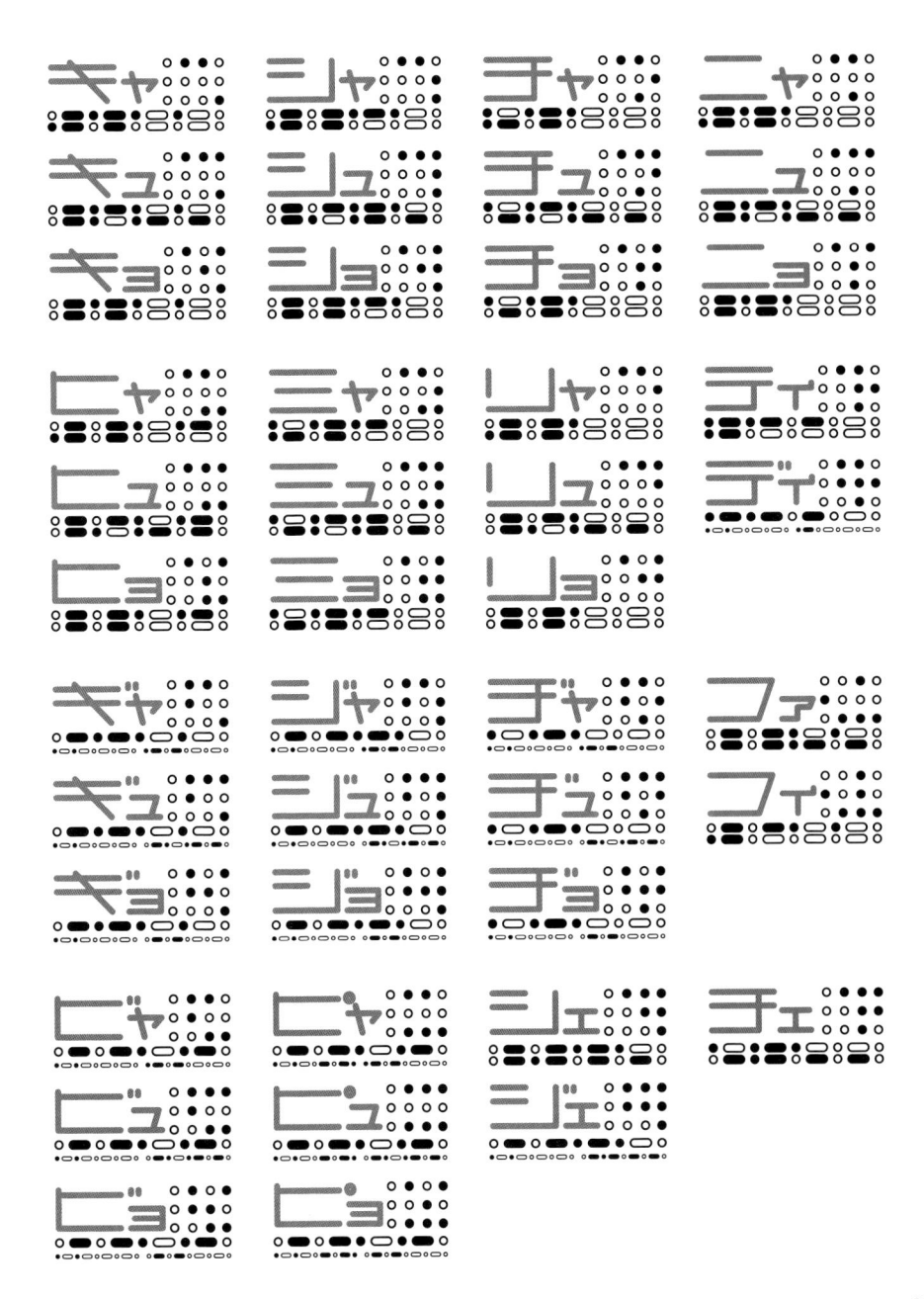

キャ	シャ	チャ	ニャ
キュ	シュ	チュ	ニュ
キョ	ショ	チョ	ニョ

ヒャ	ミャ	リャ	ティ
ヒュ	ミュ	リュ	ディ
ヒョ	ミョ	リョ	

ギャ	ジャ	ヂャ	ファ
ギュ	ジュ	ヂュ	フィ
ギョ	ジョ	ヂョ	

ビャ	ピャ	シェ	チェ
ビュ	ピュ	ジェ	
ビョ	ピョ		

43 商業用語

Assign アサイン
指派工作或職務。
例:「將這項企劃指派給他。」

Agenda アジェンダ
議題、課題項目。
例:「我來分享今天會議的議題。」

Initiative イニシアチブ
指率先開始進行,也指主導權。
例:「這間公司在這個業界握有主導權。」

Evidence エビデンス
證據、證明。
例:「有任何證據可以證明這個方法是正確的嗎?」

Consensus コンセンサス
全員或是當複數人員的意見一致,達成共識時。
例:「團隊全員達成共識了。」

Sustainability サステナビリティ
可持續性、永續性。
例:「必須要考慮到永續性的層面。」

Synergy シナジー
各部門相互協同達到利益、成果的加乘。
例:「這個加乘性結果是源自A跟B的合作。」

Task タスク
特別指被指派的工作或課題。
例:「若想有效的完成工作,就必須徹底管理指派任務」

Top-down トップダウン
係由公司高層決策,並指派給下屬執行的管理模式。
⇔ Bottom-up 由下而上法

Knowledge ナレッジ
對企業或組織等有益的知識、經驗、案例、know-how等,具有附加價值的情報資訊。

Budget バジェット
預算、經費。
例:「依據預算多寡是有可能成功的」

Buffer バッファ
緩衝、餘裕。
例:「這個企劃比起一般情況有更多的餘裕」

這篇統整了近期很常聽到的片假名商業用語。
比起在一知半解的狀況下隨意使用，
不如趁此機會好好學起來，充分利用吧！

重要性　★★★☆☆

詞語

Paradigm パラダイム
約束某一個時代或業界內想法的框架、價值觀。
當該標準大幅更改時，即稱為「範式轉移」。

Fix フィックス
使其確定、固定。
例：「這個企劃的方針終於被確定下來了」

Phase フェーズ
階段、局面。
例：「這個專案要準備進入第二階段了」

Persona ペルソナ
人物誌。某一商品的目標客群之典型形象。
例：「為了更明確化目標客群，先設定好人物誌吧」

Bottleneck ボトルネック
最被視為問題點的要因、瓶頸。
例：「導致作業延遲的瓶頸在於B工程」

Margin マージン
利益、利潤，也可以用來指空白。
例：「計算由本次專案所產生的利益」

Monetize マネタイズ
利益化、從中獲利。
例：「評估網站的利益」

Mentor メンター
導師。
例：「需要決定新進員工們的導師」

Risk hedge リスクヘッジ
指預測可能發生的危機，並且設法避開、風險對沖。
例：「預想好緊急狀況並制訂如何避險」

Reschedule リスケ
重新調整行程、改期。
例：「因為別項業務的關係，原訂於明天的會議要改期」

Resource リソース
資源，泛指包含人力、物品和金錢等。
例：「因為資源不足的關係導致產能低下」

Launch ローンチ
帶來或發布新商品、服務。
例：「A社發布了劃時代的商品」

063

44 略語（英文字母）

重要性 ★★☆☆☆

詞語

記起來之後，用得意的表情分享給朋友或同事吧！
這些在問答節目裡也很常出現喔。

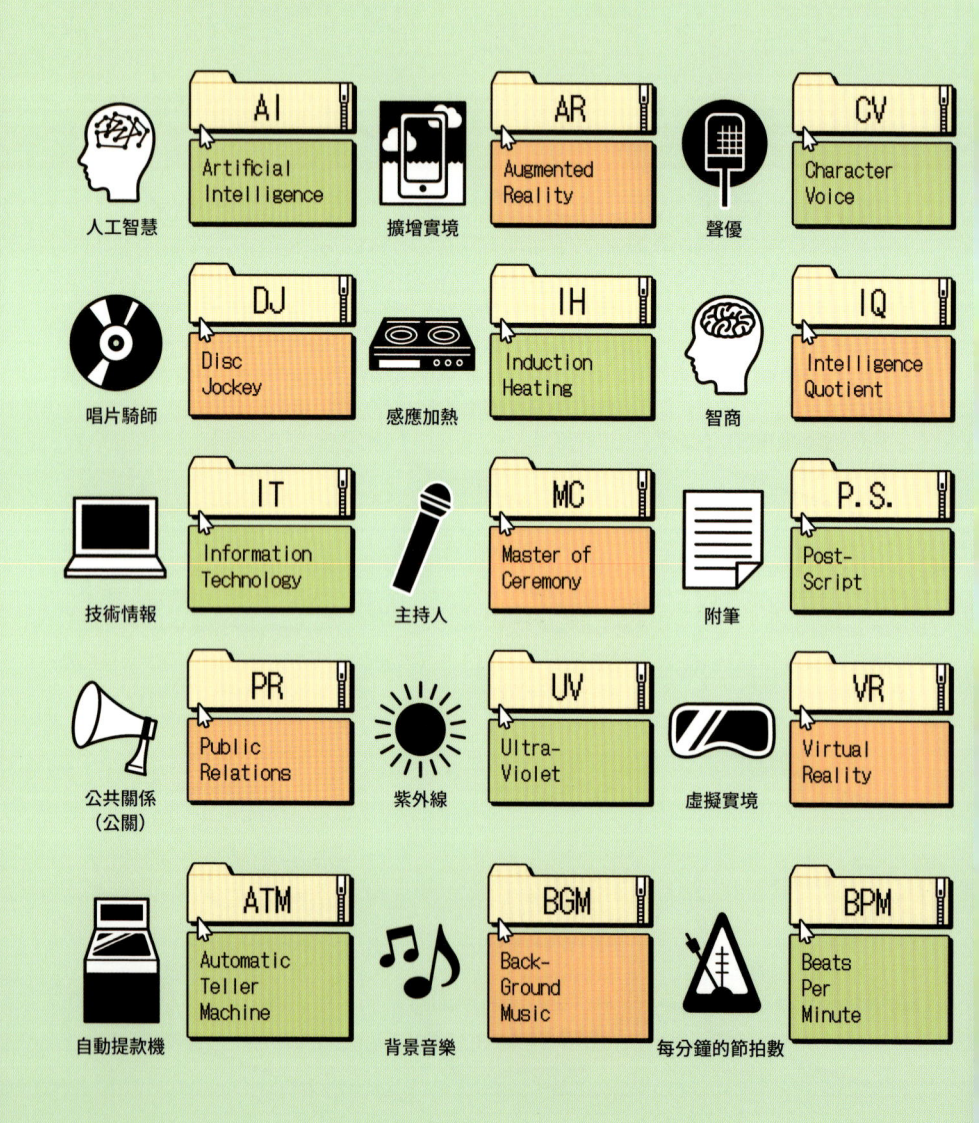

圖示	略語	全稱	中文
	AI	Artificial Intelligence	人工智慧
	AR	Augmented Reality	擴增實境
	CV	Character Voice	聲優
	DJ	Disc Jockey	唱片騎師
	IH	Induction Heating	感應加熱
	IQ	Intelligence Quotient	智商
	IT	Information Technology	技術情報
	MC	Master of Ceremony	主持人
	P.S.	Post-Script	附筆
	PR	Public Relations	公共關係（公關）
	UV	Ultra-Violet	紫外線
	VR	Virtual Reality	虛擬實境
	ATM	Automatic Teller Machine	自動提款機
	BGM	Back-Ground Music	背景音樂
	BPM	Beats Per Minute	每分鐘的節拍數

064

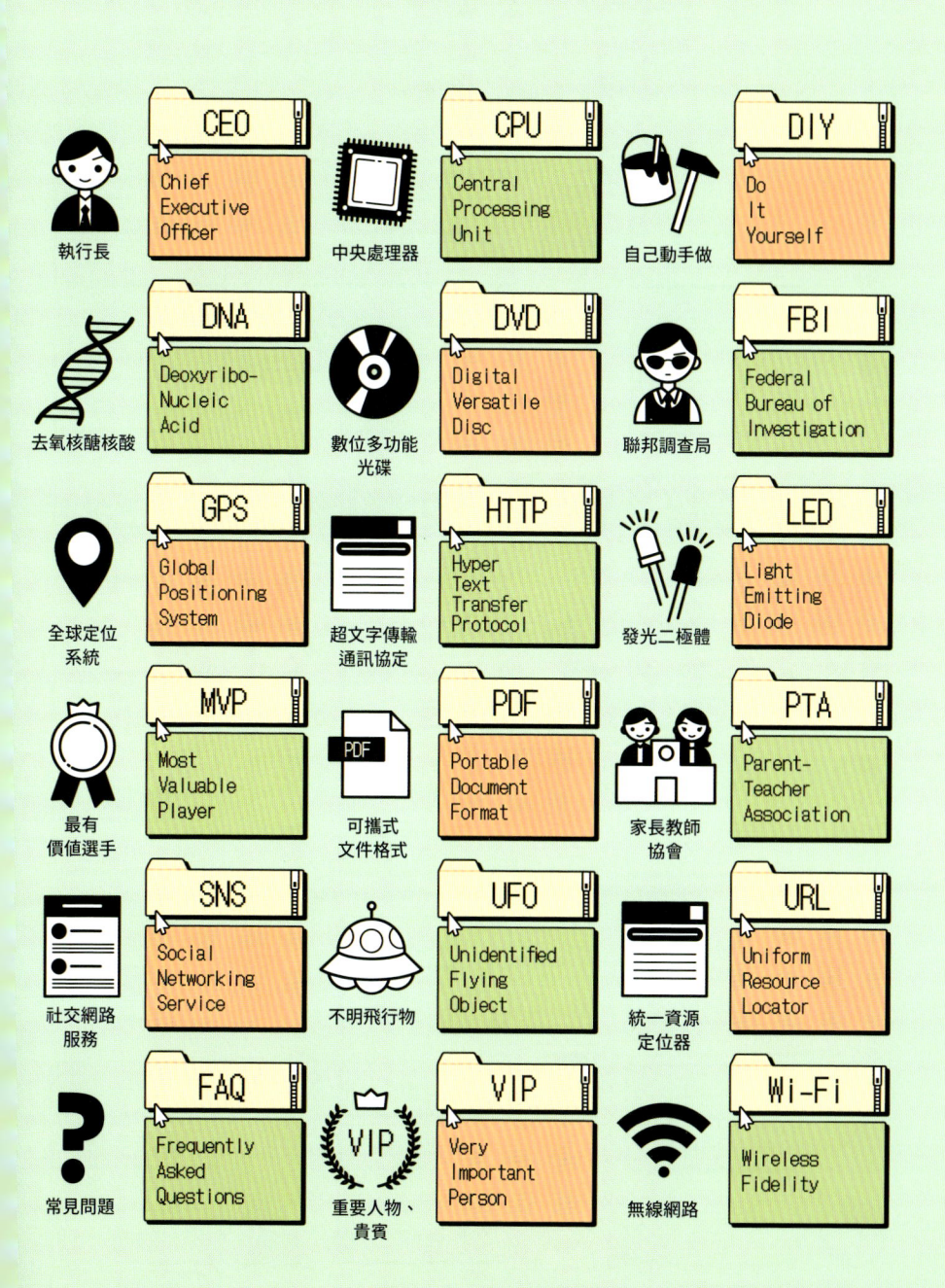

縮寫	全名	中文
CEO	Chief Executive Officer	執行長
CPU	Central Processing Unit	中央處理器
DIY	Do It Yourself	自己動手做
DNA	Deoxyribo-Nucleic Acid	去氧核醣核酸
DVD	Digital Versatile Disc	數位多功能光碟
FBI	Federal Bureau of Investigation	聯邦調查局
GPS	Global Positioning System	全球定位系統
HTTP	Hyper Text Transfer Protocol	超文字傳輸通訊協定
LED	Light Emitting Diode	發光二極體
MVP	Most Valuable Player	最有價值選手
PDF	Portable Document Format	可攜式文件格式
PTA	Parent-Teacher Association	家長教師協會
SNS	Social Networking Service	社交網路服務
UFO	Unidentified Flying Object	不明飛行物
URL	Uniform Resource Locator	統一資源定位器
FAQ	Frequently Asked Questions	常見問題
VIP	Very Important Person	重要人物、貴賓
Wi-Fi	Wireless Fidelity	無線網路

065

45 略語（日語）

重要性 ★★☆☆☆
詞語

這些也是問答節目中的常客！
也包含了很多令人覺得「原來這是略語嗎？」的詞語。

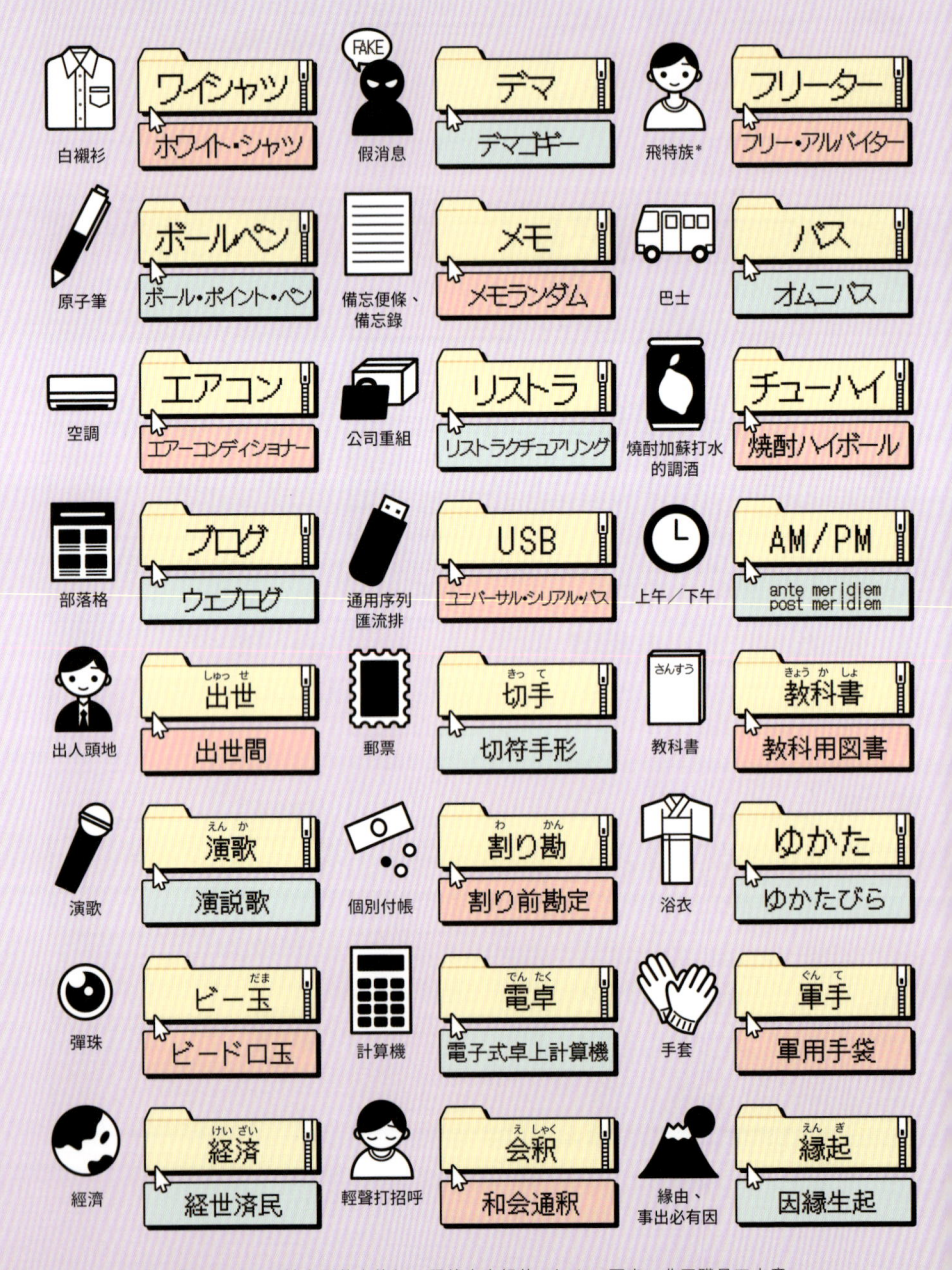

圖示	略語	原文
白襯衫	ワイシャツ	ホワイト・シャツ
假消息	デマ	デマゴギー
飛特族*	フリーター	フリー・アルバイター
原子筆	ボールペン	ボール・ポイント・ペン
備忘便條、備忘錄	メモ	メモランダム
巴士	バス	オムニバス
空調	エアコン	エアーコンディショナー
公司重組	リストラ	リストラクチュアリング
燒酎加蘇打水的調酒	チューハイ	焼酎ハイボール
部落格	ブログ	ウェブログ
通用序列匯流排	USB	ユニバーサル・シリアル・バス
上午／下午	AM/PM	ante meridiem / post meridiem
出人頭地	出世（しゅっせ）	出世間
郵票	切手（きって）	切符手形
教科書	教科書（きょうかしょ）	教科用図書
演歌	演歌（えんか）	演説歌
個別付帳	割り勘（わりかん）	割り前勘定
浴衣	ゆかた	ゆかたびら
彈珠	ビー玉（だま）	ビードロ玉
計算機	電卓（でんたく）	電子式卓上計算機
手套	軍手（ぐんて）	軍用手袋
經濟	経済（けいざい）	経世済民
輕聲打招呼	会釈（えしゃく）	和会通釈
緣由、事出必有因	縁起（えんぎ）	因縁生起

*註：「フリーター」結合了英文的free跟德文字根的arbeiter而來，非正職員工之意。

46 英文的略語

	重要性 ★★☆☆☆
	詞語

如果生活或工作上有用到英文的機會，不妨將這些記起來吧。
這篇整理了很常用到的詞語。
靈感來源是貼紙。

Dunno — I don't know／我不知道／分からない

SUP — What's up?／怎麼樣，還好嗎？／調子はどう？

OMG — Oh, my God!／我的天啊！／なんてことだ！

BTW — By the way／順帶一提／ところで

PLS — Please／拜託／お願い

LOL — Laughing out loud／笑死／（笑）

ASAP — As Soon As Possible／儘快／できるだけ早く

GN — Good night／晚安／おやすみなさい

IOW — In other words／換句話說／言い換えると

JK — just kidding／開玩笑的啦／冗談だよ

067

47 組織名稱

常會在新聞裡看到、聽到的組織名稱。
這篇嚴選了許多考試也常出現的組織。
要特別注意別把NPO和NGO搞混喔！

重要性 ★★★★★

名稱、簡稱

APEC
ASIA-PACIFIC ECONOMIC COOPERATION
秘書處駐於 新加坡
SINCE 1989
アジア太平洋経済協力

澳洲	汶萊	加拿大	智利	中國
香港	印尼	日本	馬來西亞	墨西哥
紐西蘭	巴布亞紐內亞	秘魯	菲律賓	俄羅斯
南韓	台灣	泰國	美國	越南

亞太經濟合作會議

ASEAN
汶萊、柬埔寨、印尼、寮國、馬來西亞、緬甸、菲律賓、新加坡、泰國、越南
東南アジア諸国連合
since 1967
ASSOCIATION OF SOUTH-EAST ASIAN NATIONS

東南亞國家協會（東協）

EU
欧州連合
EUROPEAN UNION
1993
斯洛維尼亞、芬蘭、瑞典、拉脫維亞、立陶宛、斯洛伐克、義大利、賽普勒斯、比利時、保加利亞、克羅埃西亞、奧地利、愛爾蘭、丹麥、法國、德國、荷蘭、匈牙利、羅馬尼亞、葡萄牙、西班牙、盧森堡、馬爾他、愛沙尼亞、希臘、捷克、波蘭

2020年英國脫歐

歐洲聯盟（歐盟）

OPEC
石油輸出国機構
since 1960
Organization of the Petroleum Exporting Countries

石油輸出國組織

068

ODA
OFFICIAL DEVELOPMENT ASSISTANCE
政府開發援助

政府開發援助

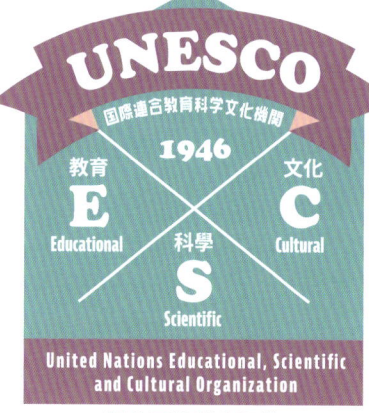

PKO
United Nations PeaceKeeping Operations
国際連合平和維持活動
1948

聯合國維持和平行動部

UNESCO
国際連合教育科学文化機関
1946
- E 教育 Educational
- S 科學 Scientific
- C 文化 Cultural

United Nations Educational, Scientific and Cultural Organization

聯合國教科文組織

UNICEF
United Nations Children's Fund
国際連合児童基金
1946

聯合國兒童基金會

NGO
Non-Governmental Organizations
非政府組織

非政府組織

NPO
Non-Profit Organization
非営利団体

非營利組織

069

48 階級

各種不同的階級

十干
- こう　甲
- おつ　乙
- へい　丙
- てい　丁
- ぼ、つちのえ　戊
- き、つちのと　己
- こう、かのえ　庚
- しん、かのと　辛
- じん、みずのえ　壬
- き、みずのと　癸

警察官（警察）
- けいしそうかん　警視総監
- けいしかん　警視監
- けいしちょう　警視長
- けいしせい　警視正
- けいし　警視
- けいぶ　警部
- けいぶほ　警部補
- じゅんさぶちょう　巡査部長
- じゅんさ　巡査

軍隊（海外）
- たいしょう　大将
- ちゅうじょう　中将
- しょうしょう　少将
- たいさ　大佐
- ちゅうさ　中佐
- しょうさ　少佐
- たいい　大尉
- ちゅうい　中尉
- しょうい　少尉
- じゅんい　准尉
- じょうきゅうそうちょう　上級曹長
- そうちょう　曹長
- ぐんそう　軍曹
- ごちょう　伍長
- じょうとうへい　上等兵
- いっとうへい　1等兵
- にとうへい　2等兵

有沒有在看刑事主題連續劇時，曾經想著「這個人很厲害嗎？他是什麼位階啊？」熟悉各種不同的階級的話，看連續劇或體育賽事時說不定會感到更加有趣喔！靈感來源是冰淇淋。

重要性	★★★☆☆
名稱	

體育賽事的階級

相撲

- 横綱（よこづな） 橫綱
- 大関（おおぜき） 大關
- 関脇（せきわけ） 關脇
- 小結（こむすび） 小結
- 前頭（まえがしら） 前頭
- 十両（じゅうりょう） 十兩
- 幕下（まくした） 幕下
- 三段目（さんだんめ） 三段目
- 序二段（じょにだん） 序二段
- 序ノ口（じょのくち） 序之口

ボクシング（男子）（男子拳擊）

- ミニマム級　最輕量級
- ライト・フライ級　輕蠅量級
- フライ級　蠅量級
- スーパー・フライ級　超蠅量級
- バンタム級　雛量級
- スーパー・バンタム級　超雛量級
- フェザー級　羽量級
- スーパー・フェザー級　超羽量級
- ライト級　輕量級
- スーパー・ライト級　超輕量級
- ウエルター級　次中量級
- スーパー・ウエルター級　輕中量級
- ミドル級　中量級
- スーパー・ミドル級　超中量級
- ライト・ヘビー級　輕重量級
- クルーザー級　巡洋艦級
- ヘビー級　重量級

ボクシング（女子）（女子拳擊）

- アトム級　原子量級
- ミニ・フライ級　最輕量級
- ライト・フライ級　次蠅量級
- フライ級　蠅量級
- スーパー・フライ級　超蠅量級
- バンタム級　雛量級
- スーパー・バンタム級　超雛量級
- フェザー級　羽量級
- スーパー・フェザー級　超羽量級
- ライト級　輕量級
- スーパー・ライト級　超輕量級
- ウエルター級　次中量級
- スーパー・ウエルター級　輕中量級
- ミドル級　中量級
- スーパー・ミドル級　超中量級
- ライト・ヘビー級　輕重量級
- ヘビー級　重量級

49 十天干十二地支

きのえとら 甲寅	きのとう 乙卯	ひのえたつ 丙辰	ひのとみ 丁巳	つちのえうま 戊午
きのえたつ 甲辰	きのとみ 乙巳	ひのえうま 丙午	ひのとひつじ 丁未	つちのえさる 戊申
きのえうま 甲午	きのとひつじ 乙未	ひのえさる 丙申	ひのととり 丁酉	つちのえいぬ 戊戌
きのえさる 甲申	きのととり 乙酉	ひのえいぬ 丙戌	ひのとい 丁亥	つちのえね 戊子
きのえいぬ 甲戌	きのとい 乙亥	ひのえね 丙子	ひのとうし 丁丑	つちのえとら 戊寅
きのえね 甲子	きのとうし 乙丑	ひのえとら 丙寅	ひのとう 丁卯	つちのえたつ 戊辰
きのえ	きのと	ひのえ	ひのと	つちのえ

072

十天干是由甲乙丙等10個要素所構成的傳統中國紀法。
其跟十二支的組合就稱為十天干十二地支。
對占卜有興趣的人或許早已聽過。

重要性　★☆☆☆☆

曆法

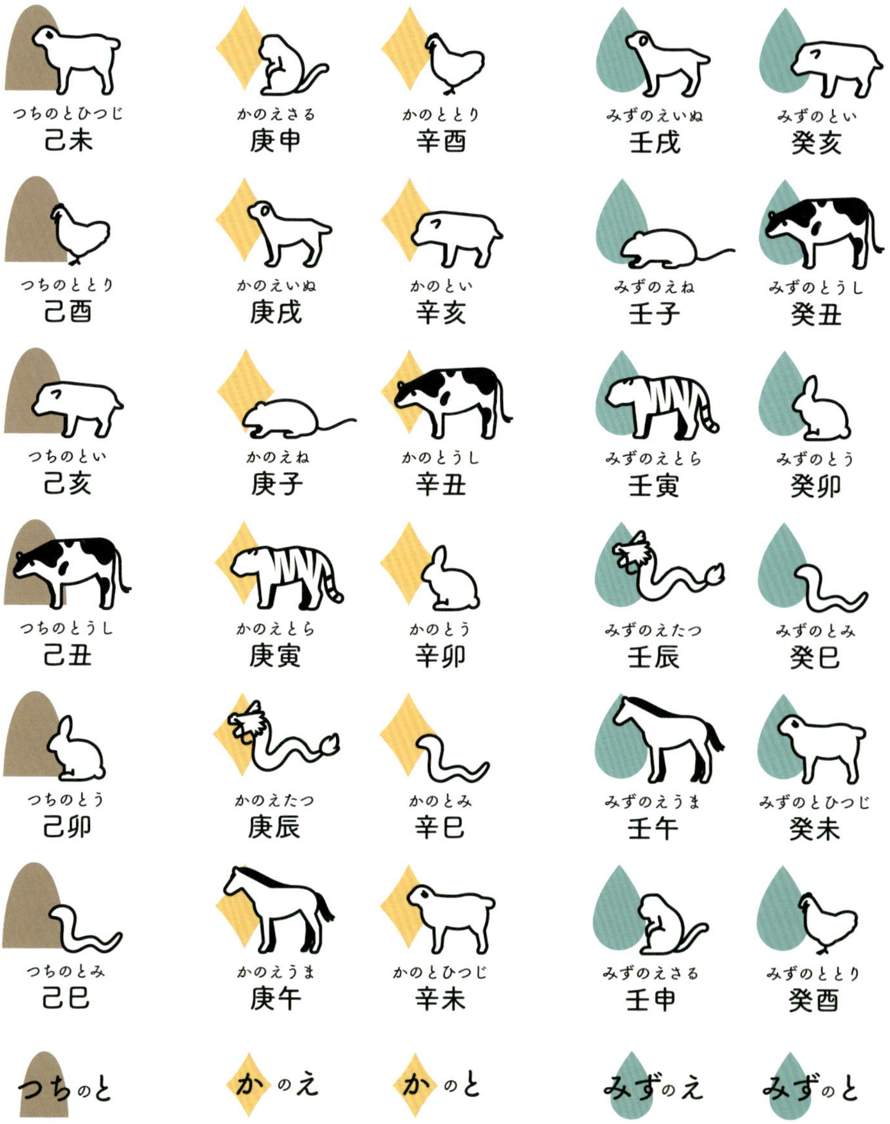

つちのとひつじ **己未**	かのえさる **庚申**	かのととり **辛酉**	みずのえいぬ **壬戌**	みずのとい **癸亥**
つちのととり **己酉**	かのえいぬ **庚戌**	かのとい **辛亥**	みずのえね **壬子**	みずのとうし **癸丑**
つちのとい **己亥**	かのえね **庚子**	かのとうし **辛丑**	みずのえとら **壬寅**	みずのとう **癸卯**
つちのとうし **己丑**	かのえとら **庚寅**	かのとう **辛卯**	みずのえたつ **壬辰**	みずのとみ **癸巳**
つちのとう **己卯**	かのえたつ **庚辰**	かのとみ **辛巳**	みずのえうま **壬午**	みずのとひつじ **癸未**
つちのとみ **己巳**	かのえうま **庚午**	かのとひつじ **辛未**	みずのえさる **壬申**	みずのととり **癸酉**
つちのと	**か**のえ	**か**のと	**みず**のえ	**みず**のと

073

50　六曜及選日

重要性 ★★★★☆

曆法

「六曜」及「選日」屬於日本傳統的曆注體系。
比如說婚禮儘量選定於「大安」進行，而喪禮則避開「友引」。
至今仍是大多數人遵循的習俗。
這篇整理了六曜和吉日這兩種曆法中的選日。

天神赦免萬物之罪的日子

天赦日（てんしゃび）

不論做任何事情都很適合

六曜的意思

六曜（ろくよう）
+ 有下列六種日子

表示該日的特徵或是否適合進行特定活動

一粒稻苗可以收穫萬倍的稻米

一粒万倍日（いちりゅうまんばいび）

適宜開展任何事情

要贏就要快

先勝（せんしょう）
下午 凶 ／ 上午 吉

適合處理掉急事或打官司的吉日

會將厄運帶給友人

友引（ともびき）
早 吉 ／ 晚 吉 ／ 中午 凶

有避免舉行喪禮的迷信

不宜展開行動

先負（せんぶ）
下午 吉 ／ 上午 凶

避開急事，保持平和、冷靜的心

連佛都會滅亡的大凶日

仏滅（ぶつめつ）
下午 凶 ／ 上午 凶

避免舉行婚禮等慶祝儀式

諸事皆吉

大安（たいあん）
下午 吉 ／ 上午 吉

適合安排婚禮或上棟式等儀式

陰陽道中的凶日

赤口（しゃっこう）
下午 凶 ／ 上午 凶
11-13時 吉

注意用火和刀刃使用的問題

51 二十四節氣

重要性 ★★★☆☆

曆法

把黃道（一年之間太陽在天球上運行的路徑）分成24等份，並且為太陽通過各個等份的時日命名的曆注，即稱為二十四節氣。依據太陽運行的軌跡，每一年的二十四節氣約有一日左右的差異。靈感來源是顏料。

註：由於節氣源於中國，中文差異小，下圖不再額外列出。
　　差異的為：啓蟄（驚蟄）、小滿（小満）、処暑（處暑）。

52 七十二候

七十二候是二十四節氣依每五天做一個劃分，並將其再細分成三段期間。
你的生日屬於什麼名稱呢？
靈感來源是巧克力磚。

重要性 ★★★☆☆

曆法

2/4～8 東風解凍 はるかぜこおりをとく	2/9～13 黃鶯睍睆 うぐいすなく	2/14～18 魚上氷 うおこおりをいずる
春風吹拂，厚冰開始融化	黃鶯開始鳴叫	魚兒從河川上的融冰飛躍而出

2/19～23 土脉潤起 つちのしょううるおいおこる	2/24～28 霞始靆 かすみはじめてたなびく	3/1～5 草木萌動 そうもくめばえいずる
雨水為土壤帶來了溼氣	霧氣籠罩大地	草木冒出嫩芽

3/6～10 蟄虫啓戸 すごもりむしとをひらく	3/11～15 桃始笑 ももはじめてさく	3/16～20 菜虫化蝶 なむしちょうとなる
冬眠的昆蟲逐漸甦醒，破土而出	桃花開始綻放	菜蟲化蛹成紋白蝶

3/21～25 雀始巣 すずめはじめてすくう	3/26～30 桜始開 さくらはじめてひらく	3/31～4/4 雷乃発声 かみなりすなわちこえをはっす
麻雀開始築巢	櫻花開始盛放	開始會經常聽見雷鳴

4/5～9 玄鳥至 つばめきたる	4/10～14 鴻雁北 こうがんきたへかえる	4/15～19 虹始見 にじはじめてあらわる
燕子自南方飛來	雁鳥們飛往北方	雨後的天空逐漸浮現彩虹

4/20～24 葭始生 あしはじめてしょうず	4/25～29 霜止出苗 しもやみてなえいずる	4/30～5/4 牡丹華 ぼたんはなさく
蘆葦開始長出新芽	揮別霜害，稻苗開始生長	牡丹花開始綻放

076

七十二候的巧克力

桜始開 さくらはじめてひらく
雉始雊 きじはじめてなく

※均為大約的日期

5/5~9 蛙始鳴 かわずはじめてなく	5/10~14 蚯蚓出 みみずいずる	5/15~20 竹笋生 たけのこしょうず
開始能聽見蛙鳴	蚯蚓開始鑽出地面	竹筍開始冒出頭來
5/21~25 蠶起食桑 かいこおきてくわをはむ	5/26~30 紅花榮 べにばなさかう	5/31~6/5 麦秋至 むぎのときいたる
蠶開始大量食用桑葉	紅花由黃轉紅的盛放	熟成的麥子飽滿低垂
6/6~10 螳螂生 かまきりしょうず	6/11~15 腐草為螢 くされたるくさほたるとなる	6/16~20 梅子黃 うめのみきばむ
螳螂破殼而出	螢火蟲開始出現,發出點點亮光	梅子成熟,果實轉黃
6/21~26 乃東枯 なつかれくさかるる	6/27~7/1 菖蒲華 あやめはなさく	7/2~6 半夏生 はんげしょうず
夏枯草乾枯	菖蒲花開花	半夏生根
7/7~11 温風至 あつかぜいたる	7/12~16 蓮始開 はすはじめてひらく	7/17~22 鷹乃學習 たかすなわちわざをならう
溫熱的風吹拂大地	蓮花開始綻放	老鷹的幼鳥學會飛翔
7/23~28 桐始結花 きりはじめてはなをむすぶ	7/29~8/2 土潤溽暑 つちうるおうてむしあつし	8/3~7 大雨時行 たいうときどきふる
梧桐開始長出(隔年開花)花蕾	土壤溼潤,氣候變得悶熱	時不時會突然降下大雨

077

8/8～12 涼風至 すずかぜいたる	8/13～17 寒蟬鳴 ひぐらしなく	8/18～22 蒙霧升降 ふかききりまとう
徐徐涼風吹拂	開始能聽見蟬鳴	濃霧籠罩

8/23～27 綿柎開 わたのはなしべひらく	8/28～9/1 天地始肅 てんちはじめてさむし	9/2～7 禾乃登 こくものすなわちみのる
包裹著棉花的花萼綻開	暑氣終於開始平緩	稻米成熟

9/8～12 草露白 くさのつゆしろし	9/13～17 鶺鴒鳴 せきれいなく	9/18～22 玄鳥去 つばめさる
植物葉片上的露珠透著白色反光	開始能聽見鶺鴒鳥的鳥鳴	燕子飛回南方

9/23～27 雷乃收聲 かみなりすなわちこえをおさむ	9/28～10/2 蟄蟲坏戶 むしかくれてとをふさぐ	10/3～7 水始涸 みずはじめてかるる
雷聲漸漸不再響起	昆蟲開始躲回土壤裡	農田裡的水逐漸減少

10/8～12 鴻雁來 こうがんきたる	10/13～17 菊花開 きくのはなひらく	10/18～22 蟋蟀在戶 きりぎりすとにあり
雁鳥現身	菊花綻放	蟋蟀或螽斯等昆蟲在門邊鳴叫

10/23～27 霜始降 しもはじめてふる	10/28～11/1 霎時施 こさめときどきふる	11/2～6 楓蔦黃 もみじつたきばむ
開始降下薄霜	小雨漸漸瀝瀝	楓樹和爬牆虎的葉片開始染上顏色

七十二候的巧克力

桜始開
さくらはじめてひらく

雉始雊
きじはじめてなく

※均為大約的日期

11/7~11 山茶始開 つばきはじめてひらく	11/12~16 地始凍 ちはじめてこおる	11/17~21 金盞香 きんせんかさく
茶梅開花	大地開始慢慢結凍	水仙開花

11/22~26 虹藏不見 にじかくれてみえず	11/27~12/1 朔風払葉 きたかぜこのはをはらう	12/2~6 橘始黃 たちばなはじめてきばむ
此時期愈來愈難形成彩虹	北風漸強並吹落枯葉	柑橘果實漸漸成熟轉黃

12/7~11 閉塞成冬 そらさむくふゆとなる	12/12~16 熊蟄穴 くまあなにこもる	12/17~21 鱖魚群 さけのうおむらがる
天地閉塞，冬日降臨	準備冬眠的熊躲回洞穴裡	鮭魚群溯河洄游

12/22~26 乃東生 なつかれくさしょうず	12/27~31 麋角解 さわしかのつのおつる	1/1~4 雪下出麥 ゆきわたりてむぎいずる
夏枯草萌發新芽	麋鹿鹿角開始脫落	白雪覆蓋的大地下，小麥冒出新芽

1/5~9 芹乃榮 せりすなわちさかう	1/10~14 水泉動 しみずあたたかをふくむ	1/15~19 雉始雊 きじはじめてなく
水芹茂盛地生長	地底下凍結的泉水開始緩緩流動	雄雉雞開始大聲啼叫

1/20~24 款冬華 ふきのはなさく	1/25~29 水沢腹堅 さわみずこおりつめる	1/30~2/3 雞始乳 にわとりはじめてとやにつく
款冬長出花蕾	河川結上厚厚的一層冰	母雞開始下蛋

079

53 祝賀長壽

向爺爺奶奶表示感謝，並祈福健康，向來是日本的美好慣例。
現代可以說是人生百歲時代的來臨，要慶祝大還曆也不是妄想！
這篇是把數字隱藏在漢字裡的設計。

重要性 ★★★★★

祝賀

61 還曆 かんれき
還曆。第60年時又會再次迎來跟自己出生之年相同的干支

70 古稀 こき
古稀。源自杜甫詩中的一句「人生七十古來稀」

77 喜壽 きじゅ
喜壽。日文漢字中「喜」的草書體略字可以拆讀成「七十七」

80 傘壽 さんじゅ
傘壽。日文漢字中「傘」的草書體略字「仐」可以拆讀成「八十」

祝賀長壽

88 米壽 べいじゅ
米壽。把「米」字拆開後可得「八十八」

90 卒壽 そつじゅ
卒壽。「卒」的俗字「卆」可以拆讀成「九十」

99 白壽 はくじゅ
白壽。「百」字上方減一後即得「白」

100 百壽 ひゃくじゅ
百壽。也可說是「紀壽」或是活了一世紀

108 茶壽 ちゃじゅ
茶壽。「茶」字拆開後可得「十」、「十」和「八十八」，三組數字加總後即得108

111 皇壽 こうじゅ
皇壽。將「白」字看成百減一，並把「王」拆讀成「一」、「十」和「一」，加總後即得111

120 大還曆 だいかんれき
大還曆。第二次的還曆

54 結婚週年紀念日名稱

重要性 ★★★★☆
祝賀

這篇收集了常見的結婚週年紀念日名稱。
也搭配了適合各名稱的圖示。
靈感來源是婚禮的接待佈置。

週年	日文名稱	中文
1週年 Anniversary	紙婚式 (かみこんしき)	紙婚
2週年 Anniversary	藁婚式・綿婚式 (わらこんしき・めんこんしき)	稻草婚、棉婚
3週年 Anniversary	革婚式 (かわこんしき)	皮婚
4週年 Anniversary	花婚式・書籍婚式 (はなこんしき・しょせきこんしき)	花婚、書籍婚
5週年 Anniversary	木婚式 (もくこんしき)	木婚
6週年 Anniversary	鉄婚式 (てつこんしき)	鐵婚
7週年 Anniversary	銅婚式 (どうこんしき)	銅婚
8週年 Anniversary	ゴム婚式・青銅婚式・電気器具婚式 (こんしき・せいどうこんしき・でんききぐこんしき)	橡膠婚、青銅婚、電器婚
9週年 Anniversary	陶器婚式 (とうきこんしき)	陶器婚
10週年 Anniversary	アルミ婚式・錫婚式 (こんしき・すずこんしき)	鋁婚、錫婚
11週年 Anniversary	鋼鉄婚式 (こうてつこんしき)	鋼鐵婚
12週年 Anniversary	絹婚式 (きぬこんしき)	絹婚
13週年 Anniversary	レース婚式 (こんしき)	蕾絲婚
14週年 Anniversary	象牙婚式 (ぞうげこんしき)	象牙婚
15週年 Anniversary	水晶婚式 (すいしょうこんしき)	水晶婚
20週年 Anniversary	磁器婚式 (じきこんしき)	瓷器婚
25週年 Anniversary	銀婚式 (ぎんこんしき)	銀婚
30週年 Anniversary	真珠婚式 (しんじゅこんしき)	珍珠婚
35週年 Anniversary	珊瑚婚式 (さんごこんしき)	珊瑚婚
40週年 Anniversary	ルビー婚式 (こんしき)	紅寶石婚
45週年 Anniversary	サファイヤ婚式 (こんしき)	藍寶石婚
50週年 Anniversary	金婚式 (きんこんしき)	金婚
55週年 Anniversary	エメラルド婚式 (こんしき)	翡翠婚
60週年 Anniversary	ダイヤモンド婚式 (こんしき)	鑽石婚
70週年 Anniversary	プラチナ婚式 (こんしき)	白金婚

55 營養素

重要性 ★★★★☆
食物

現代人常常一個不小心就過著營養不均衡的生活。
如果能知道主要的營養素和其功用，或許能更清楚知道自己欠缺什麼。
這篇介紹了各種營養素中的部分功效。靈感來源是電腦桌面的資料夾。

營養素的功效

たんぱく質 蛋白質
- 血液和肌肉等身體組織都需要，是打造體態的主要成分

脂質 脂質
- 人體細胞膜的成分之外，也是製造荷爾蒙的原料

炭水化物・糖質 碳水化合物（也稱作醣類）
- 人體能量的主要來源

カリウム 鉀
- 維持正常細胞的功能
- 協助排除多餘水分

カルシウム 鈣
- 組成骨骼和牙齒的主要成分

マグネシウム 鎂
- 組成骨骼的主要成分之一

リン 磷
- 建構骨骼和牙齒等

鉄 鐵
- 紅血球的主要原料之一，也負責運送體內氧氣

亜鉛 鋅
- 保持味覺正常

銅 銅
- 促進鐵質的吸收和儲存

マンガン 錳
- 對與鎂有關的酵素反應起到輔助作用

ビタミンA 維生素A
- 維護眼睛的機能
- 可以活化皮膚等等的細胞

βカロテン β胡蘿蔔素
- 可轉化成維生素A並起到作用

ビタミンD 維生素D
- 可促進吸收鈣質
- 保持骨骼健康

ビタミンE 維生素E
- 讓血液循環更好
- 抑制活性氧，起到抗老化的作用

ビタミンK 維生素K
- 幫助血液凝固止血
- 強化骨骼

ビタミンB1 維生素B1
- 在能量代謝中，輔助醣類轉換成熱量

ビタミンB2 維生素B2
- 幾乎參與體內所有營養素的代謝

ナイアシン 維生素B3（也稱作菸鹼醯胺）
- 幫助酒精的代謝

ビタミンB6 維生素B6
- 協助蛋白質的吸收和代謝
- 攝取不足會使膚況不穩定

ビタミンB12 維生素B12
- 協助合成紅血球
- 幫助中樞神經和末梢神經的運作

葉酸 葉酸
- 協助生成紅血球
- 對胎兒來說是重要的營養成分

パントテン酸 泛酸（也稱作維生素B5）
- 幫助能量代謝
- 幫助對抗並減緩壓力

ビタミンC 維生素C
- 幫助合成膠原蛋白
- 提高免疫力

食物繊維 膳食纖維
- 預防便秘
- 抑制膽固醇吸收

56 餐具種類和餐點擺放的位置

重要性 ★★★☆
飲食

如果突然被邀請去比較高檔的餐廳……
因太顧慮餐桌禮儀，而無法好好品味美食的話就太可惜了！
首先記住餐具擺放的位置吧。基本上使用順序是由外而內。

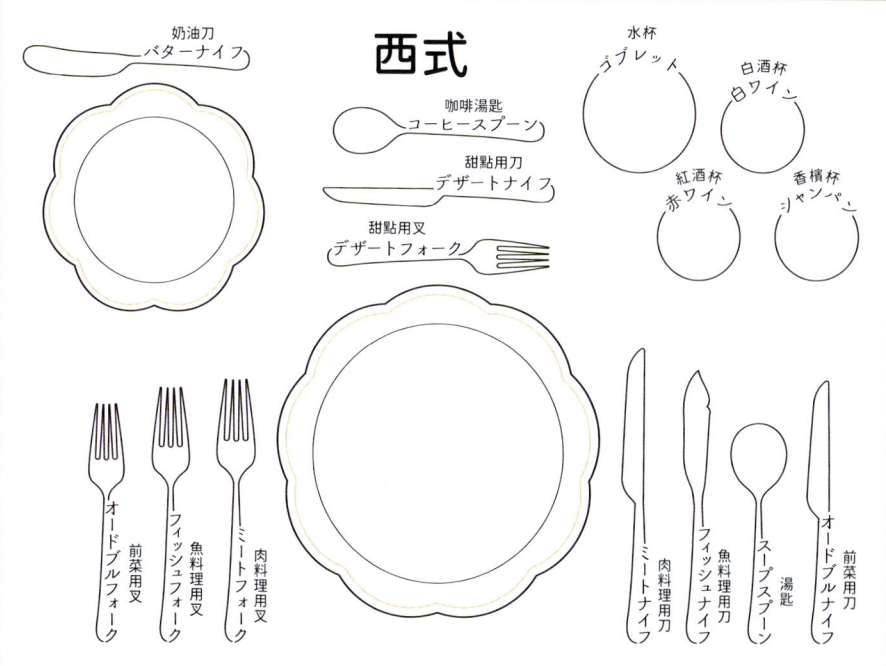

和式
- 副菜（ふくさい）
- 主菜（しゅさい）
- 副副菜（ふくふくさい）
- 主食（しゅしょく）
- 汁物（しるもの）（湯品）

西式
- 奶油刀 バターナイフ
- 咖啡湯匙 コーヒースプーン
- 甜點用刀 デザートナイフ
- 甜點用叉 デザートフォーク
- 水杯 ゴブレット
- 白酒杯 白ワイン
- 紅酒杯 赤ワイン
- 香檳杯 シャンパン
- 前菜用叉 オードブルフォーク
- 魚料理用叉 フィッシュフォーク
- 肉料理用叉 ミートフォーク
- 肉料理用刀 ミートナイフ
- 魚料理用刀 フィッシュナイフ
- 湯匙 スープスプーン
- 前菜用刀 オードブルナイフ

※擺放方式因店家而異。

083

57 切菜的方式

切菜的方式是提升料理品質的重要因素之一。
這篇統整了最常用的10種方式。
靈感來源是襪子。

重要性 ★★★☆☆

料理

輪切り
切圓片、圓塊

半月切り
切半月形

いちょう切り
銀杏葉切法

乱切り
滾刀切

くし切り
月牙形切法

短冊切り
切條狀

細切り
切細

千切り
切絲

小口切り
一點一點切

みじん切り
切碎

084

58 蔬菜中可食用的部分

重要性 ★★★★☆
飲食

可以被拿來食用的植物統稱蔬菜。
我們經常吃的蔬菜到底是植物的哪個部分呢？
靈感來源是軋型貼紙。

果實
スイートコーン（玉米）、きゅうり（小黃瓜）、かぼちゃ（南瓜）、トマト（番茄）、なす（茄子）、えだまめ（毛豆）等等。
実

花蕾
ブロッコリー（青花菜）、カリフラワー（花椰菜）、みょうが（茗荷）等等。
つぼみ

莖
アスパラガス（蘆筍）、たけのこ（竹筍）等等。
くき

※ 竹筍是竹子的嫩莖

葉菜
キャベツ（高麗菜）、ほうれんそう（菠菜）、たまねぎ（洋蔥）、ねぎ（蔥）、にら（韭菜）等等。
葉

地下根、地下莖
じゃがいも（馬鈴薯）、さといも（芋頭）、れんこん（蓮藕）、にんにく（大蒜）等等。
地下のくき

根
だいこん（白蘿蔔）、にんじん（胡蘿蔔）、さつまいも（番薯）、ごぼう（牛蒡）等等。
根

085

59 肉的部位

依據部位不同,吃起來的味道和口感都不太一樣吧。
如果能知道喜歡的部位名稱,或許可以更快樂地品嚐肉品喔!
你喜歡肉的哪個部位呢?

重要性 ★★★☆☆
食物

牛

① タン
② 肩ロース
③ ザブトン
④ リブロース
⑤ かぶり
⑥ サーロイン
⑦ ランプ
⑧ イチボ
⑨ 三角バラ
⑩ 前バラ
⑪ ハラミ
⑫ サガリ
⑬ シャトーブリアン
⑭ ヒレ
⑮ 中バラ
⑯ カイノミ
⑰ フランク
⑱ トモ三角
⑲ 内モモ
⑳ モモ
㉑ ミスジ
㉒ ウデ
㉓ 外バラ
㉔ 外モモ
㉕ スネ
㉖ テール

❶牛舌
❷肩胛肉
❸上等肩肉
❹肋眼
❺肋眼上蓋
❻沙朗、牛腰肉
❼腰臀肉
❽臀肉蓋
❾牛五花
❿三角牛五花
⓫外橫隔膜
⓬內橫隔膜
⓭夏多布里昂(菲力心)
⓮菲力、牛腰內肉
⓯中腹、上等牛五花
⓰腰脊心
⓱牛腹骨肉
⓲後腿骨肉中心、和尚頭
⓳後腿骨肉、腿三角、粗和尚頭
⓴內側後腿肉
㉑板腱、嫩肩里肌
㉒牛肩肉
㉓外腹肉
㉔外側後腿肉
㉕牛小腿、牛腱
㉖牛尾巴

豬

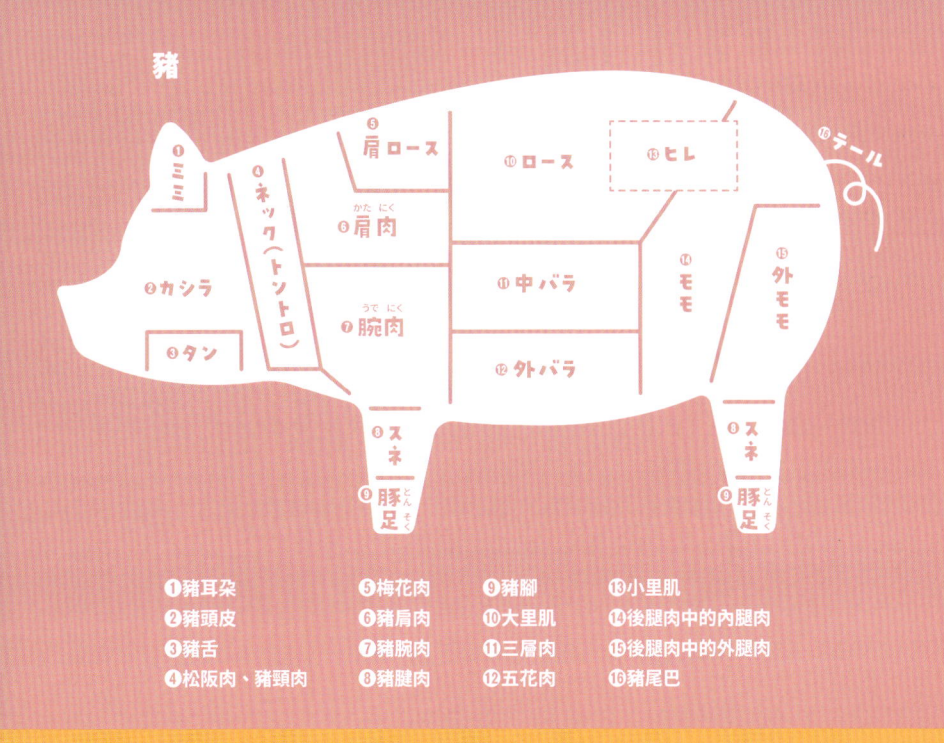

- ① ミミ
- ② カシラ
- ③ タン
- ④ ネック（トントロ）
- ⑤ 肩ロース
- ⑥ 肩肉
- ⑦ 腕肉
- ⑧ スネ
- ⑨ 豚足
- ⑩ ロース
- ⑪ 中バラ
- ⑫ 外バラ
- ⑬ ヒレ
- ⑭ モモ
- ⑮ 外モモ
- ⑯ テール

① 豬耳朵
② 豬頭皮
③ 豬舌
④ 松阪肉、豬頸肉
⑤ 梅花肉
⑥ 豬肩肉
⑦ 豬腕肉
⑧ 豬腿肉
⑨ 豬腳
⑩ 大里肌
⑪ 三層肉
⑫ 五花肉
⑬ 小里肌
⑭ 後腿肉中的內腿肉
⑮ 後腿肉中的外腿肉
⑯ 豬尾巴

雞

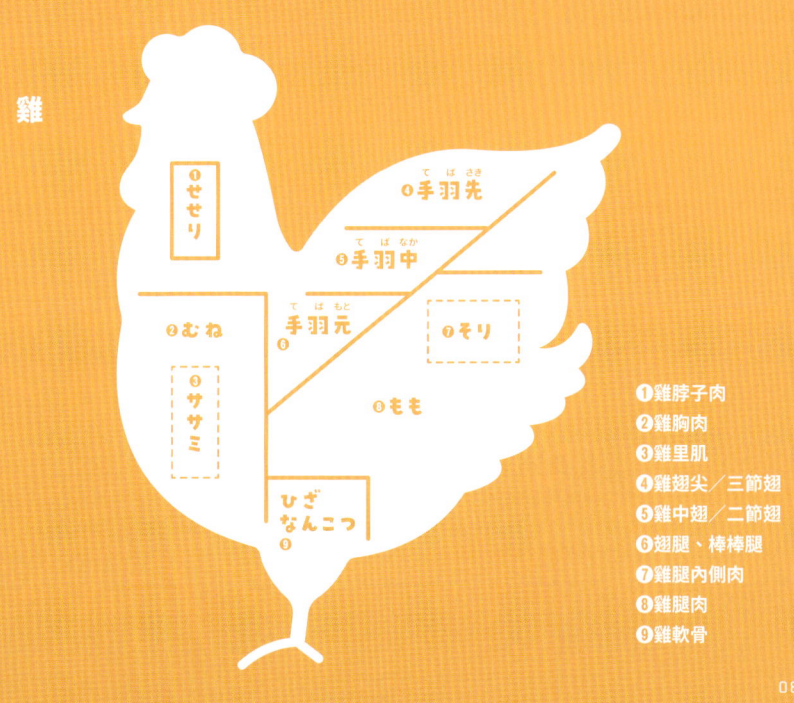

- ① せせり
- ② むね
- ③ ササミ
- ④ 手羽先
- ⑤ 手羽中
- ⑥ 手羽元
- ⑦ そり
- ⑧ もも
- ⑨ ひざなんこつ

① 雞脖子肉
② 雞胸肉
③ 雞里肌
④ 雞翅尖／三節翅
⑤ 雞中翅／二節翅
⑥ 翅腿、棒棒腿
⑦ 雞腿內側肉
⑧ 雞腿肉
⑨ 雞軟骨

60 義大利麵的種類

重要性 ★★★☆☆
食物

這一篇整理了義大利麵條的粗細和短麵條的種類。
列出來的烹煮時間僅供參考，
建議大家依照麵條包裝的指示來煮麵喔。

長 0.9 麵
カペッリーニ
天使麵
capellini
2 min.

長 1.4 麵
フェデリーニ
細麵
fedelini
6 min.

長 1.6 麵
スパゲッティーニ
圓直細麵
spaghettini
9 min.

長 1.8 麵
スパゲッティ
圓直麵
spaghetti
12 min.

長 2-3 麵
リングイネ
細扁麵
linguine
11 min.

長 7-8 麵
フェットチーネ
寬麵
fettuccine
3 min. / 7 min.

088

長麵 1.8mm

スパゲッティ
SPAGHETTI
12 min.

① 麵條的粗細（平放時）及切面
② 麵條的粗細（mm）及切面
③ 麵條種類
④ 麵條名稱
⑤ 烹煮時間（約略）

短麵
ペンネ
斜管麵
penne

短麵
マカロニ
通心粉
maccherone

短麵
フジッリ
螺旋麵、紡錘麵
fusilli

短麵
ラビオリ
小方餃
ravioli

短麵
ファルファーレ
蝴蝶麵
farfalle

短麵
トルテッリ
義大利餛飩
tortelli

短麵
コルツェッティ
壓花圓麵
corzetti

短麵
ルオーテ
車輪麵
ruote

短麵
コンキリエ
貝殼麵
conchiglie

61　麵包的種類

重要性　★★★☆☆
食物

被全世界所喜愛的食物——麵包。
這一篇精選各國具有代表性的麵包。
連特徵都瞭若指掌的話，你也能成為麵包達人！

法國

又細又長的法式麵包 
バゲット
長棍麵包

法文名稱直譯為鄉村麵包 
パン・ド・カンパーニュ
鄉村麵包

法文名稱代表彎月
クロワッサン
可頌

以可頌麵包為基底，包入巧克力
パン・オ・ショコラ
巧克力可頌、法式巧克力麵包

使用大量奶油和雞蛋的麵包
ブリオッシュ
布里歐

聖誕節的傳統糕點
クグロフ
咕咕洛夫

義大利

扁平的餐前麵包 
フォカッチャ
佛卡夏

製作時不使用乳製品
チャバッタ
巧巴達

像棒狀的麵包
グリッシーニ
義大利麵包棒

090

德國

獨特的扭結造型是其特徵	德國傳統聖誕甜點	五角星紋路是其特徵
ブレッツェル 扭結麵包	シュトレン 史多倫	カイザーゼンメル 凱薩麵包

英國

圓圓扁扁的麵包	有如餅乾般的口感	因其外形也稱山型吐司
イングリッシュマフィン 英式瑪芬	スコーン 司康	イギリスパン 英式吐司

美國

把發酵後的麵糰放進滾水煮過後，塑形成環狀的麵包	使用到許多奶油的麵包捲	特徵為帶有肉桂香氣的風味
ベーグル 貝果	バターロール 奶油捲	シナモンロール 肉桂捲

日本

麵包表層帶有酥脆的餅乾口感	內餡填滿咖哩的麵包	塞滿巧克力內餡的號角型麵包
メロンパン 菠蘿麵包	カレーパン 咖哩麵包	チョココロネ 巧克力螺旋麵包

091

62 荷包蛋的種類

你喜歡什麼熟度的荷包蛋呢？
靈感來源是帽子。

重要性 ★★☆☆☆

料理

サニーサイドアップ
sunny-side up 太陽蛋
- 單面煎
- 液狀～半熟

オーバーイージー
over easy 雙面煎對半生荷包蛋
- 雙面煎
- 液狀～半熟

オーバーミディアム
over medium 雙面煎半熟荷包蛋
- 雙面煎
- 半熟

オーバーハード
over hard 雙面煎全熟荷包蛋
- 雙面煎
- 全熟

ベースドエッグ
basted egg 水蒸太陽蛋
- 單面煎
- 會加蓋並加水悶一下

092

63 御節料理

每一道都蘊含祈願或祝福意義的御節料理。
一起細細品嚐御節料理的味道和意義吧！

重要性 ★★★★☆
料理

外型看起來很像財寶	外型跟古書卷相似	豆子（まめ）和（勤奮）同音，因此用來祈求健康，勤勉工作
栗きんとん 栗金團 象徵招財	**伊達巻** 伊達卷 學業有成	**黒豆** 黑豆 無病無災
早期用鯷魚作為農田的肥料	像是新年初見的日出	鬆鬆並切開牛蒡，代表開運
田作り 田作 五穀豐收	**紅白かまぼこ** 紅白魚板 好兆頭、驅邪	**たたきごぼう** 涼拌牛蒡 闔家安康
昆布與喜ぶ（よろこぶ）發音相近，故象徵喜悅，祝願長壽。	像是喜事用的紅白繩結	出世魚，名字會隨成長階段而改變
昆布巻き 昆布卷 祈願父母健康長壽	**紅白なます** 紅白蘿蔔拌菜 平安、和平	**ぶり** 鰤魚（青魽） 出人頭地
長鬍鬚和彎曲的身體，意喻活到腰都彎下去	魚卵數非常多	主要使用山產為主的食材，帶有家族和樂團結之意
えび 蝦子 健康長壽	**数の子** 數之子（鯡魚卵） 子孫滿堂	**煮しめ** 煮物 團圓和樂

64 咖啡的種類

重要性 ★★★★☆
飲品

只有了解咖啡不同的種類,才稱得上是真正的大人⋯⋯
大家也這麼覺得嗎?如果能好好了解什麼樣的咖啡
是用什麼樣的配比製作,或許喝起來會覺得更加美味喔。

滴濾式咖啡 ドリップコーヒー
Drip coffee
透過 重力 作用萃取

ブレンドコーヒー
配方咖啡

カフェオレ
咖啡歐蕾

アメリカンコーヒー
美式咖啡 *1
淺い豆 淺培豆

ウィンナーコーヒー
維也納咖啡

フレーバーコーヒー
風味咖啡
ナッツ 堅果
シナモン 肉桂

濃縮咖啡 エスプレッソコーヒー
Espresso coffee
壓力
透過 高壓 急速萃取

エスプレッソ
(ソロ/ショートブラック)
義式濃縮咖啡
一份濃縮 solo / 不加水或牛奶的原味 short black
30cc

ドッピオ
(ダブル)
雙份濃縮咖啡(doppio)
60cc

リストレット
(コルト)
短濃縮咖啡(corto)
15cc

カプチーノ
卡布奇諾

カフェラテ
咖啡拿鐵

カフェモカ
摩卡咖啡

アメリカーノ
深焙美式咖啡 *2

マキアート
瑪奇朵咖啡

コンパンナ
康寶藍

アフォガート
阿芙佳朵/阿法奇朵

カフェコレット
卡瑞托咖啡

フラットホワイト
馥列白/馥芮白

ドリップ or エスプレッソコーヒー 滴濾咖啡或濃縮咖啡
スチームミルク(液体のミルク) 熱牛奶
フォームミルク(あわのミルク) 奶泡
チョコレートシロップ 巧克力糖漿
お湯 熱水
アルコール 酒
バニラアイス 香草冰淇淋
ホイップクリーム 打發的鮮奶油

*註1:日本特有,以淺培豆沖泡而成的美式咖啡。　　*註2:此款為一般常見的美式咖啡。

65 日本茶的種類

喝一口就能讓人感到放鬆的日本茶。
其實下列日本茶的茶葉源頭都相同。
依據種植和加工方式的不同，創造了多樣的茶種。

重要性 ★★★★☆
飲品

煎茶
- 栽培：充分照射日光
- 加工：蒸製再攪拌搓揉
- 茶湯有著絕妙平衡的口感

深蒸煎茶
- 栽培：充分照射日光
- 加工：比一般煎茶多上兩倍蒸製茶葉的時間，再攪拌搓揉，比煎茶蒸製更久

玉露
- 栽培：避免照射日光約二十日左右
- 加工：蒸製再攪拌搓揉
- 茶湯鮮甜且香氣濃郁

冠茶／被茶（かぶせ茶）
- 栽培：避免照射日光約一週
- 加工：蒸製再攪拌搓揉
- 滋味介於煎茶和玉露間

抹茶
- 栽培：避免照射日光約二十日
- 加工：碾磨碾茶
- 鮮甜味和苦味都很濃郁

碾茶（てん茶）
- 栽培：避免照射日光約二十日
- 加工：蒸製後不攪拌搓揉、直接乾燥
- 有青海苔般的香氣

番茶
- 栽培：充分照射日光
- 加工：使用抹茶時剩下的茶梗製作
- 茶湯清淡爽口

焙茶（ほうじ茶）
- 栽培：充分照射日光
- 加工：大火炒製番茶或煎茶
- 茶湯芳香爽口

玄米茶
- 栽培：充分照射日光
- 加工：把茶葉和炒過的米混合
- 茶湯清淡

蒸製玉綠茶（蒸したまりょくちゃ）
- 栽培：充分照射日光
- 加工：蒸製後攪拌搓揉不進行「精揉」，直接乾燥
- 茶湯口感柔和

釜炒茶（釜炒り茶）
- 栽培：充分照射日光
- 加工：用鍋子翻炒茶葉，不進行精揉
- 茶湯帶有特殊鍋炒香氣且沒有澀味

66 酒杯的種類

重要性 ★★★☆☆
飲品

以各式各樣的酒杯呈現宇宙景象。
只要變換一下使用的杯子，普通的日常也可以變成特別的一天！

ブランデーグラス	シャンパングラス（フルート型）	シャンパングラス（ソーサー型）	カクテルグラス	コリンズグラス
白蘭地杯	香檳杯（長笛型）	香檳杯（碟型杯）	雞尾酒杯	可林杯

酒杯設計僅供參考
（デザインは一例です！）

ピルスナーグラス	ゴブレット	ジョッキ	リキュールグラス	ショットグラス
皮爾森杯	高腳杯	扎啤杯	利口酒杯	烈酒杯

シェリーグラス	サワーグラス	タンブラー	ワイングラス	ロックグラス
雪莉酒杯	沙瓦杯	不倒翁杯	葡萄酒杯	古典杯、威士忌杯

67 牛奶的種類

重要性 ★★★☆☆

飲品

即使統稱為「牛奶」，但其實按照日本的法律，可以細分成七種不同的牛奶。你平常都喝哪一種呢？

牛乳

特徵
- 未經調整的100%純生乳
- 高溫加熱殺菌
- 含8%以上的無脂固形物

口感
- 依季節不同，口感和味道也會有差異

特別牛乳

特徵
- 由獲得許可的特定廠商製作
- 含8.5%以上的無脂固形物

口感
- 像鮮奶油般地濃厚口感

成分調整牛乳

特徵
- 調整牛奶中的部分成分，如乳脂肪或礦物質
- 含8%以上的無脂固形物

口感
- 依照被調整的成分而不同

低脂肪牛乳

特徵
- 只調整乳脂肪成分
- 乳脂肪約含0.5%~1.5%
- 含8%以上的無脂固形物

口感
- 清爽

無脂肪牛乳

特徵
- 只調整乳脂肪成分
- 乳脂肪含量低於0.5%
- 含8%以上的無脂固形物

口感
- 相當清爽

加工乳

特徵
- 只能添加由牛奶製成的相關奶製品（奶油、奶粉等）
- 含8%以上的無脂固形物

口感
- 依照添加的成分而不同

乳飲料

特徵
- 牛奶為主成分，並加入了其他添加物的飲料
- 含3%以上的乳固形物

口感
- 各式各樣

68 紅茶的種類

重要性 ★★★☆☆

飲品

受歡迎程度跟咖啡不相上下的紅茶。
根據產區整理了不同品種，也一併介紹各式各樣的調味茶。

エリアティー
單品茶
（按產區整理不同種類）

努瓦拉埃利亞 ヌワラエリヤ（斯里蘭卡）
帶有花香的甜味，接近綠茶的澀味
適合飲用純茶

烏瓦 ウバ（斯里蘭卡）
帶有玫瑰和鈴蘭的花香，茶湯風味具有刺激性
適合加牛奶飲用

汀普拉 ディンブラ（斯里蘭卡）
散發芳醇香氣，茶湯口感平衡
純茶或加牛奶飲用都很適合

盧哈娜 ルフナ（斯里蘭卡）
有獨特的麥芽香氣，澀味濃厚
適合加牛奶飲用

坎地 キャンディ（斯里蘭卡）
茶味清香，不帶苦味
萬用型紅茶

烏達普沙拉瓦 ウダプセラワ（斯里蘭卡）
香氣帶花香和果香，口感溫潤
比較適合品嚐純茶，但若想加牛奶也沒問題

薩伯勒格穆沃 サバラガムワ（斯里蘭卡）
帶有焦糖般的香氣，茶湯口感豐富
適合飲用純茶

大吉嶺 ダージリン（印度）
因應採收季節的不同，茶湯香氣和口感也會不一樣
適合飲用純茶

阿薩姆　アッサム
印度
帶有芳醇香氣，茶湯甜味濃厚強烈
適合加牛奶飲用

尼爾吉里　ニルギリ
印度
香氣淡雅溫和，茶湯清爽
純茶或加牛奶飲用都很適合

祁門　キーマン
中國
帶有玫瑰和蘭花的花香，不太會感覺到澀味
適合飲用純茶

肯亞　ケニア
肯亞
香氣清新・口感溫和
純茶或加牛奶飲用都很適合

爪哇　ジャワ
印尼
茶香恬淡清新，不易感覺到苦味或澀味
純茶或加牛奶飲用都很適合

里澤　リゼ
土耳其
製作香料奶茶時使用
比較適合用於製作調味茶基底

フレーバーティー　調味茶
（帶有特定香氣）

伯爵茶　アールグレイティー
帶有香檸檬的香氣

蘋果茶　アップルティー
帶有蘋果的香氣

薑茶　ジンジャーティー
帶有生薑的香氣

香草茶　バニラティー
帶有香草的香氣

正山小種　ラプサンスーチョン
帶有燻製過後的松葉香氣

69 調酒的種類

ジン・トニック 琴通寧
- 口感：中 甘辛口
- 酒精濃度：普通
- 琴酒
- 通寧水
- （可加萊姆切片裝飾）

ギムレット 琴蕾
- 口感：中 甘辛口
- 酒精濃度：高
- 琴酒
- 萊姆汁
- （可加萊姆切片裝飾）

ホワイト・レディ 白色佳人
- 口感：中 甘辛口
- 酒精濃度：高
- 琴酒
- 橙酒
- 檸檬汁

マティーニ 馬丁尼
- 口感：辛口
- 酒精濃度：高
- 琴酒
- 乾型香艾酒
- （可再加橄欖）

ジン・フィズ 琴費士
- 口感：中 甘辛口
- 酒精濃度：普通
- 琴酒
- 檸檬汁
- 糖、蘇打水
- （可加檸檬切片裝飾）

ブルー・ムーン 藍月
- 口感：中 甘辛口
- 酒精濃度：普通
- 琴酒
- 紫羅蘭利口酒
- 檸檬汁

Gin BASE
琴酒 基底

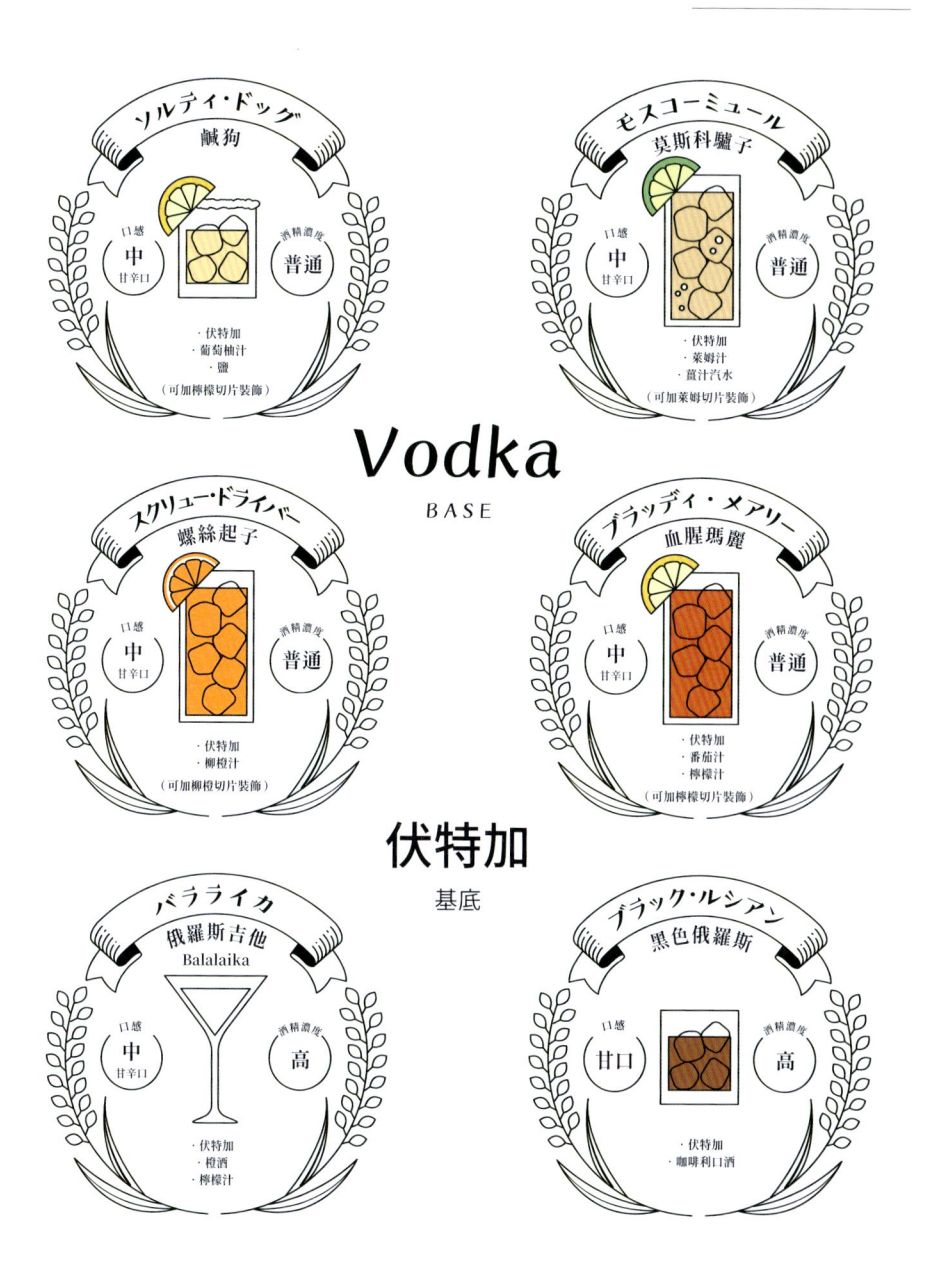

有沒有哪些酒是感覺很耳熟，卻不知道味道的呢？
這篇按照基底酒分類，介紹常見的幾款調酒。

重要性　★★☆☆☆

飲品

ソルティ・ドッグ / 鹹狗
- 口感：中（甘辛口）
- 酒精濃度：普通
- 伏特加
- 葡萄柚汁
- 鹽
- （可加檸檬切片裝飾）

モスコーミュール / 莫斯科騾子
- 口感：中（甘辛口）
- 酒精濃度：普通
- 伏特加
- 萊姆汁
- 薑汁汽水
- （可加萊姆切片裝飾）

Vodka BASE

スクリュー・ドライバー / 螺絲起子
- 口感：中（甘辛口）
- 酒精濃度：普通
- 伏特加
- 柳橙汁
- （可加柳橙切片裝飾）

ブラッディ・メアリー / 血腥瑪麗
- 口感：中（甘辛口）
- 酒精濃度：普通
- 伏特加
- 番茄汁
- 檸檬汁
- （可加檸檬切片裝飾）

伏特加 基底

バラライカ / 俄羅斯吉他 Balalaika
- 口感：中（甘辛口）
- 酒精濃度：高
- 伏特加
- 橙酒
- 檸檬汁

ブラック・ルシアン / 黑色俄羅斯
- 口感：甘口
- 酒精濃度：高
- 伏特加
- 咖啡利口酒

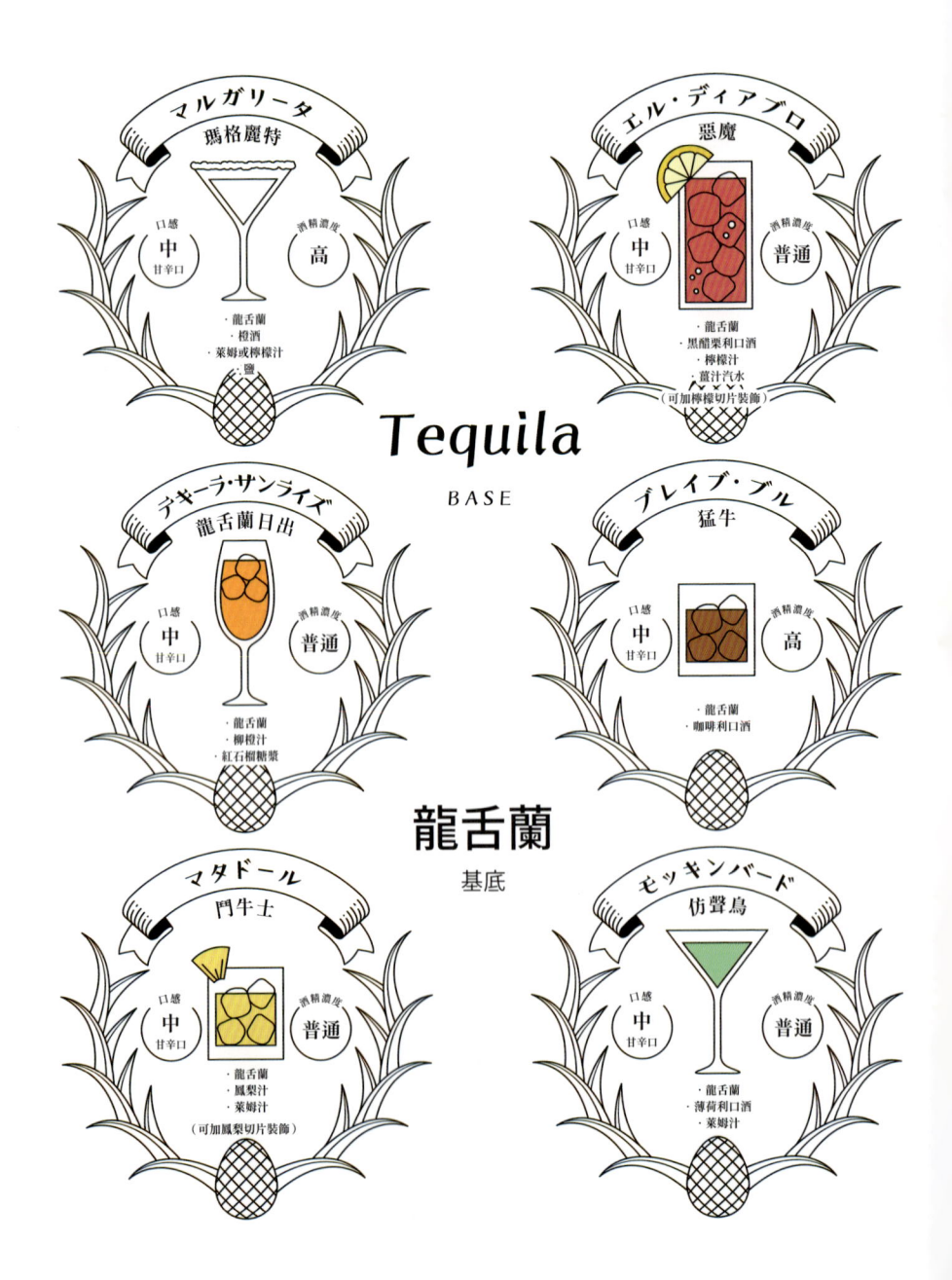

Tequila
BASE
龍舌蘭
基底

マルガリータ / 瑪格麗特
口感：中 甘辛口
酒精濃度：高
・龍舌蘭
・橙酒
・萊姆或檸檬汁
・鹽

エル・ディアブロ / 惡魔
口感：中 甘辛口
酒精濃度：普通
・龍舌蘭
・黑醋栗利口酒
・檸檬汁
・薑汁汽水
（可加檸檬切片裝飾）

テキーラ・サンライズ / 龍舌蘭日出
口感：中 甘辛口
酒精濃度：普通
・龍舌蘭
・柳橙汁
・紅石榴糖漿

ブレイブ・ブル / 猛牛
口感：中 甘辛口
酒精濃度：高
・龍舌蘭
・咖啡利口酒

マタドール / 鬥牛士
口感：中 甘辛口
酒精濃度：普通
・龍舌蘭
・鳳梨汁
・萊姆汁
（可加鳳梨切片裝飾）

モッキンバード / 仿聲鳥
口感：中 甘辛口
酒精濃度：普通
・龍舌蘭
・薄荷利口酒
・萊姆汁

Rum
BASE

ダイキリ Daiquiri (黛綺莉)
- 口感: 中 甘辛口
- 酒精濃度: 普通
- ・蘭姆酒
- ・萊姆汁
- ・糖
- （可加萊姆切片裝飾）

X・Y・Z
- 口感: 中 甘辛口
- 酒精濃度: 高
- ・蘭姆酒
- ・橙酒
- ・檸檬汁

モヒート Mojito
- 口感: 辛口
- 酒精濃度: 普通
- ・蘭姆酒
- ・萊姆
- ・薄荷葉
- ・糖、蘇打水

ホット・バタード・ラム 熱奶油蘭姆酒
- 口感: 中 甘辛口
- 酒精濃度: 普通
- ・蘭姆酒
- ・無鹽奶油
- ・方糖
- ・熱水

蘭姆酒
基底

エル・プレジデンテ 大總統
- 口感: 中 甘辛口
- 酒精濃度: 普通
- ・蘭姆酒
- ・柳橙汁
- ・檸檬汁
- ・紅石榴糖漿

キューバ・リブレ 自由古巴
- 口感: 中 甘辛口
- 酒精濃度: 普通
- ・蘭姆酒
- ・萊姆汁
- ・可樂
- （可加萊姆切片裝飾）

70 堅果的種類

堅果營養豐富，適合減肥期間食用。
形狀也有各式各樣的。靈感來源是餅乾。

重要性　★★☆☆☆

食物

腰果 カシューナッツ
炒過後可以加到料理

杏仁 アーモンド
也可以磨成粉加到牛奶裡

榛果 ヘーゼルナッツ
裹上鹽味的榛果，也很適合當成下酒菜

開心果 ピスタチオ
需要剝殼食用。製作甜點的材料之一

核桃 くるみ
可以磨成粉，也可以混入麵包裡

夏威夷豆 マカダミアナッツ
適合做成巧克力等

巴西堅果 ブラジルナッツ
長得很大顆

胡桃 ピーカンナッツ
脂肪含量高達7成

花生 ピーナッツ
屬於豆科植物，並不是堅果（樹的果實）

104

PART 2

值得大人們
記起來的
知識

Grown-Up Learning:
Information Worth
Remembering

KEYWORDS
- 漢字 - 日語 - 古典
- 文學 - 地理 - 歷史
- 自然科學 - 理科 - 數學

71 同音異字

重要性 ★★★★★

漢字

這篇收集了日語裡有著同樣讀音，意思卻大不相同的詞語。
例如，同樣讀作おさまる的「収まる」和「納まる」，
你能說明各自代表的意思嗎？
學習使用正確的漢字，寫出正確傳達意涵的文章吧！

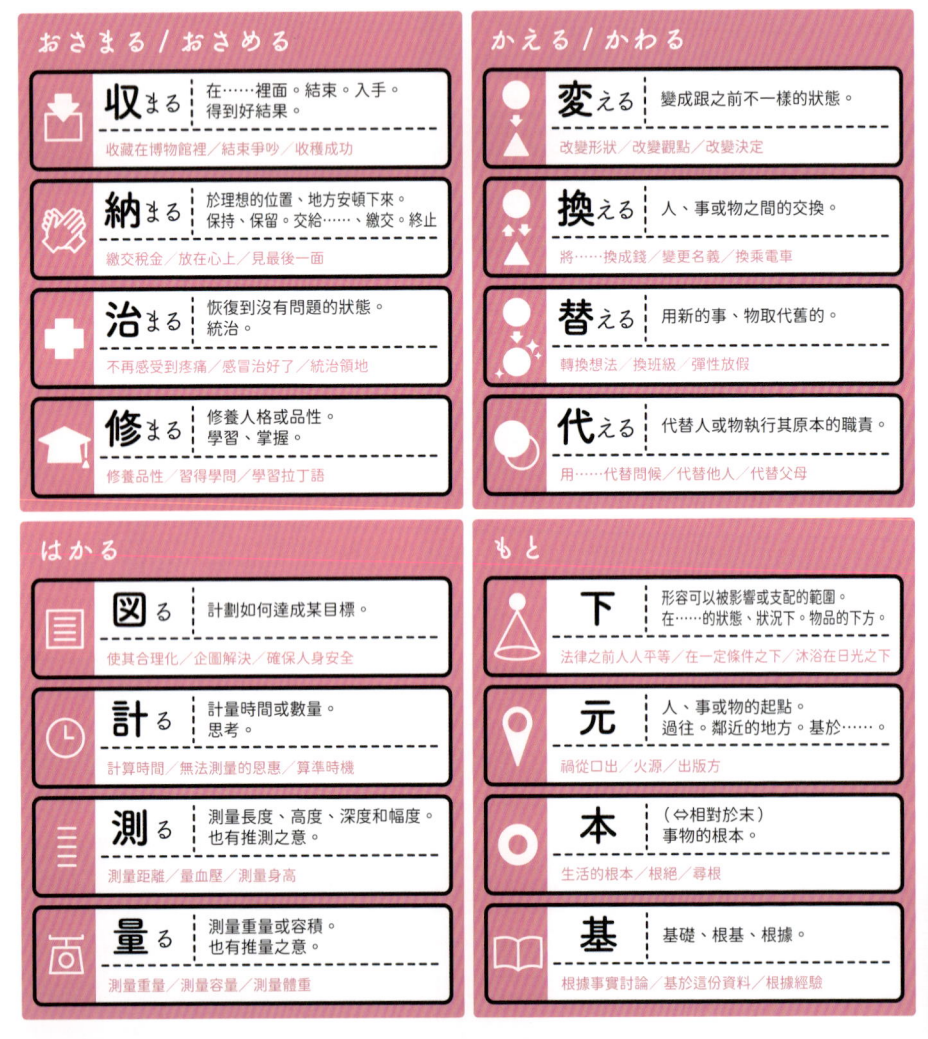

おさまる / おさめる

収まる｜在……裡面。結束。入手。得到好結果。
收藏在博物館裡／結束爭吵／收穫成功

納まる｜於理想的位置、地方安頓下來。保持、保留。交給……、繳交。終止
繳交稅金／放在心上／見最後一面

治まる｜恢復到沒有問題的狀態。統治。
不再感受到疼痛／感冒治好了／統治領地

修まる｜修養人格或品性。學習、掌握。
修養品性／習得學問／學習拉丁語

かえる / かわる

変える｜變成跟之前不一樣的狀態。
改變形狀／改變觀點／改變決定

換える｜人、事或物之間的交換。
將……換成錢／變更名義／換乘電車

替える｜用新的事、物取代舊的。
轉換想法／換班級／彈性放假

代える｜代替人或物執行其原本的職責。
用……代替問候／代替他人／代替父母

はかる

図る｜計劃如何達成某目標。
使其合理化／企圖解決／確保人身安全

計る｜計量時間或數量。思考。
計算時間／無法測量的思惠／算準時機

測る｜測量長度、高度、深度和幅度。也有推測之意。
測量距離／量血壓／測量身高

量る｜測量重量或容積。也有推量之意。
測量重量／測量容量／測量體積

もと

下｜形容可以被影響或支配的範圍。在……的狀態、狀況下。物品的下方。
法律之前人人平等／在一定條件下／沐浴在日光之下

元｜人、事或物的起點。過往。鄰近的地方。基於……。
禍從口出／火源／出版方

本｜（⇔相對於末）事物的根本。
生活的根本／根絕／尋根

基｜基礎、根基、根據。
根據事實討論／基於這份資料／根據經驗

※同音異字的區分有些很難明確區隔。使用上會因為年齡層或個人習慣而變，
　也可能因各個領域的使用方式和習慣有些不同。因此請把這篇當成參考資料來閱讀喔。

106

あける / あく

明ける | 眼睛睜開，變成能夠看得見。一個時間段的結束。遮蔽物消失。
黎明破曉／無法得出結論／幼犬眼睛打開

空ける | 空出來。
清空家裡／空出時間／空出座位

開ける | 打開。
開張店面／睜開眼睛／揭幕

あらわす / あらわれる

表す | 顯露情緒。表現。表明。
喜形於色／用言詞表達／表現於態度上

現す | 表示不再隱藏，終於顯現出來。
現身／展露本性／救世主出現

著す | 撰寫作品並發表於世。
撰寫書籍、名作

おかす

犯す | 違反法律或倫理。
犯法／犯錯／犯罪

侵す | 侵害領土或權利。
入侵國土／侵害權利／侵害學術自由

冒す | 故意執行。褻瀆神聖的東西。
冒險／冒雨前行／褻瀆尊嚴

かたい

堅い | 實心且堅固。堅若磐石。
堅固的木材／守備堅固／口風緊

固い | 關係緊密。不可被動搖。
團結意識堅強／友誼堅固／想法固執

硬い | （相對於軟）可以堅強地抗外力。表情或肌肉僵硬。
堅硬的石頭／生硬的表現／表情僵硬

たつ

断つ | 切開相連的關係、物品。辭去、再也不做。
斷絕退路／斷絕關係／戒酒

絕つ | 途中斷絕本該繼續的事物。中斷。
斷絕關係／斷絕消息／交通事故接連不斷

裁つ | 裁切布或紙張。
裁切材料／裁紙／裁縫剪刀（裁ちばさみ）

つとめる

勤める | 收受薪資並執行工作要務。進行法會。
在公司工作／進行法事

務める | 執行職務或任務。
做好主角的工作／實行議長的職務／盡到父母的責任

努める | 全力以赴。努力。
盡全力完成／努力解決／努力早起

あたたかい

温かい　（料理）溫熱。
可以感覺到關愛或體貼。

溫熱的料理／溫暖的家庭／溫暖的個性

暖かい　暖和。
（多半用在表示氣象或氣溫）

溫暖的陽光／溫暖的毛毯／空氣暖和

うつす／うつる

写す　抄寫。
透過影像將畫面保存下來。透明。

抄寫文件／拍照／錄影

映す　重新投映影像或影片。投影。
反映。賦予印象。

播映影片／影子投射在牆上／他人看來沾沾自喜

おさえる

押さえる　施加力氣壓住使物品不會移動。
確保。掌握。用手覆蓋。

捏住紙張的一角／確保證據／理解要點

抑える　停止某個趨勢。
抑制、忍耐。

抑制物價上升的趨勢／制止要求／壓抑、忍耐怒氣

おりる／おろす

降りる　離開乘坐的交通工具。由高處往低處。
被迫離開職位、所扮演的角色。

下電車／下車／霜降

下りる　由上往下移動。剪掉（枝枒）。
提領。新的創作。

閉幕／卸下行李／新創作的作品

かげ

陰　照不到光的地方。
看不見的地方（多用在背後批評時）。

在樹陰下休息／默默支持／在背後說閒話

影　遮住光線後產生的黑影。
光。身影。

倒映出身影／杳無蹤跡（影も姿もない）／消聲匿跡（影を潜める）

かた

形　眼睛所見的形狀。
Form。

金字塔形狀的建物／沒有留下任何痕跡（跡形もない）／游泳中的自由式

型　既定的標準。
Type。

老套、陳腔濫調（型にはまる）／大型颱風／血型

かわく

乾く　水分消失。

空氣乾燥／曬乾衣物／話剛說完就……（舌の根の乾かぬうちに）

渇く　喉嚨水分流失。渴望。

喉嚨很渴／心中的渴望／渴望父母的愛

きく

聞く　聲音傳到耳裡。接受。
詢問。聞到味道。

聽到談話聲／詢問到車站的路線／聞到香味

聴く　形容全心全意用耳朵傾聽。

聽音樂／傾聽國民心聲／聆聽恩師的最後一堂課

きく

利く | 發揮十足效用。有可能性。
眼光很好／機靈（気が利く）／臨機應變（小回りが利く）

効く | 展現效果、功用。
發揮藥效／宣傳起到效果／起到作用、有效（効き目がある）

せめる

攻める | 攻擊。
一舉進攻敵營／接連不斷地提問

責める | 責備。使對方感到痛苦。
責備疏失／責難不負責任的言行／遭受拷問

はやい／はやまる

早い | 形容比預計時期、時刻還要提早。時間很短暫。比預期要更早。
時候還早／早起／提前的行動

速い | 有速度感。提升速度。
流程很快／投手的球速很快／速度很快

まわり

回り | 迴轉、旋轉。身邊。圓柱形狀物體的周圍。
馬達的轉動不是很好／順時針／身邊

周り | 周圍、周遭。
池子周圍／周遭的人／學校附近

こえる／こす

越える | 跨過某個場所、地點或時間，並往下前進。
跨越縣界／過度……／跨越難關

超える | 超出某個基準、範圍或程度。
超越人類的能力／超過預期／超過10萬日圓

たえる

耐える | 忍耐、承受痛苦或外部造成的壓力等等。
承受龐大壓力／忍受痛苦／冒著風雪

堪える | 具有能力或價值。抑制情感。
可以承擔得起批判的學說／不堪入目的作品（見るに堪えない作品）

まざる／まぜる

交ざる | 可以辨別形態的元素混在一起。
混雜著漢字和假名的文章／洗牌／細雨交織的天氣

混ざる | 不可辨別形態的元素混在一起。
酒水混合／混雜著雜音／顏料混在一起

わく

沸く | 水煮熱或沸騰。感到興奮、狂熱。
洗澡水放好了／因演出而沸騰的場內／觀眾十分狂熱

湧く | 從地底噴湧而出。湧現情感或思緒。不斷地發生。
湧出溫泉／萌生勇氣／不斷地拍手和歡呼

72 送假名*是「く」的漢字

重要性 ★★☆☆☆
漢字

這一篇整理了身為大人理所當然會知道的漢字，
及許多它們鮮為人知的唸法。
靈感來源是鯉魚旗。

あばく	発く
あまねく	周く
あまねく	普く
いだく	懐く
うごく	蕩く
えがく	画く
かがやく	曜く
かたむく	仄く

ことごとく	尽く
しばらく	姑く
しばらく	少く
しばらく	頃く
しりぞく	却く
すだく	集く
そむく	倍く
そむく	北く

そむく	反く
そむく	負く
つらぬく	串く
とどく	達く
のぞく	去く
はぶく	略く
まねく	惹く
みがく	攻く

*送假名是指跟在漢字後面的假名，用來幫助讀者理解漢字，在文句中的發音和意思。
例如：行く、食べる、送る，標上粗體的即為送假名。

110

73 一個字的漢字單詞

重要性 ★★☆☆☆

漢字

你知道日語有許多漢字雖然只是一個字,但有些讀音很長,
甚至會包含到5個假名,並且能代表一個詞語嗎?
靈感來源是棉布格紋的圖騰。

恣意妄為 ほしいまま	容姿 かたち	趕盡殺絕 一人不赦 みなごろし	拇指 おやゆび
恣	容	鏖	拇

嘆息 ためいき	心意 こころ	質樸 すなお	砧板 まないた
歔	意	樸	俎

酒窩 えくぼ	陷阱 おとしあな	早晨、清晨（隔日的） あした	像這樣的 このような
靨	穽	朝	恁

噴嚏 くしゃみ	颱風 たいふう	口水 よだれ	鼾聲 いびき
嚔	颱	涎	鼾

大概、或許 さぞ	說起來 そもそも	幾乎、差不多 ほとほと	受到感動發出的讚嘆 あっぱれ
嘸	抑	殆	遖

漱口 うがい	仔細深刻地、つらつら	心中浮現的面貌 おもかげ	隨心所欲 ほしいまま
嗽	熟	俤	縱

111

74 相似的漢字

重要性 ★★☆☆☆

漢字

你分得出「祟」和「崇」這兩個漢字哪裡不一樣嗎？
要仔細留意，可別不小心記錯漢字啊……
靈感來源是拉霸機。

KANJI-SLOT
あが(める) / あが(める) / たたり
崇 / 崇 / 祟
崇敬。作祟

KANJI-SLOT
かぶと / かぶと / よつぎ
冑 / 冑 / 胄
甲冑。胄裔

KANJI-SLOT
かき / かき / こけら
柿 / 柿 / 杮
柿子。杮（こけら）碎木片

KANJI-SLOT
ちゃ / ちゃ / くる(しみ)
茶 / 茶 / 荼
茶葉。荼毒

KANJI-SLOT
こ / ひと(り) / ぼうふら
子 / 子 / 孑
孩子。孑然。孑孓

KANJI-SLOT
おのれ / い / み
己 / 已 / 巳
自己。已經。巳

KANJI-SLOT
つちのえ / いぬ / まも(る)
戊 / 戌 / 戍
戊。戌。戍衛

KANJI-SLOT
あじ / くら(い) / くら(い)
味 / 昧 / 眛
味道。愚昧。昏昧

KANJI-SLOT
せん / ほ(す) / ここ(に)
千 / 干 / 于
千。曬乾。于（於）

112

75 「品」字樣的漢字

重要性 ★☆☆☆☆

漢字

像「森」或「品」這樣由三個漢字組合成一字的文字，稱之為品字樣。你知道像這樣型態的文字其實有這麼多嗎？靈感來源是肉球。

註：會有不同的讀音是因為音讀跟訓讀之分。音讀通常是比較接近中文的發音，以「森」來說シン（SHIN）屬於音讀。

シン／もり 森 ㄙㄣ	ヒン／しな 品 ㄆㄧㄣˇ	ショウ／あきらか 晶 ㄐㄧㄥ	ゴウ／とどろく 轟 ㄏㄨㄥ	ケン／かしましい 姦 ㄐㄧㄢ
ゼイ／けば 毳 ㄘㄨㄟˋ	チュウ／むし 蟲 ㄔㄨㄥˊ	ホン／ひしめく 犇 ㄅㄣ	ヒイ 矗 ㄐㄩˋ ㄆㄧㄣˇ	ライ 磊 ㄌㄟˇ
チク 矗 ㄔㄨˋ	ヒョウ 驫 ㄆㄧㄠ	あら 麤 ㄘㄨ	セン／ション 淼 ㄇㄧㄠˇ	ゲン 原原原 ㄩㄢˊ
セン 鱻 ㄒㄧㄢ	ハク 皛 ㄐㄧㄠˇ ㄒㄧㄠˇ ㄆㄧㄠˇ	品字樣	キ／ようぶ 七七七 ㄑㄧ	ヒョウ 淼 ㄇㄧㄠˇ
エン／ほのお 焱 ㄧㄢˋ	キン 鑫 ㄒㄧㄣ	ギョウ 垚 ㄧㄠˊ	ギン 众 ㄓㄨㄥˋ	ヒョウ 猋 ㄅㄧㄠ
ジャク 叒 ㄖㄨㄛˋ	ルイ 厽 ㄌㄟˇ	屮屮屮 ㄔㄜˋ	ジョウ 歮 ㄙㄜˋ	スイ 惢 ㄖㄨㄟˇ
ライ／ルイ 畾 ㄌㄟˊ	セン 羴 ㄕㄢ	カイ 舙 ㄏㄨㄚˋ	テツ 吉吉吉 ㄓㄜˊ	トウ 譶 ㄊㄚˋ

113

76 海底生物的漢字

本篇整理了水族館裡人氣明星們的漢字寫法。
你知道幾種呢？

重要性 ★☆☆☆☆

漢字

ラッコ
海獺

海獺　猟虎
海猟
獺虎

アザラシ
海豹

海豹

トド
北海獅

胡獱
海馬
魹

アシカ
海獅

海驢

セイウチ
海象

海象

ジュゴン
儒艮

儒艮

オットセイ
海狗

膃肭臍

イルカ
海豚

海豚

シャチ
虎鯨

鯱

スナメリ
江豚

砂滑

114

77 陸地生物的漢字

這一篇整理了陸地生物們較少使用的漢字名稱。
說不定剪影會成為提示？
靈感來源是餅乾。

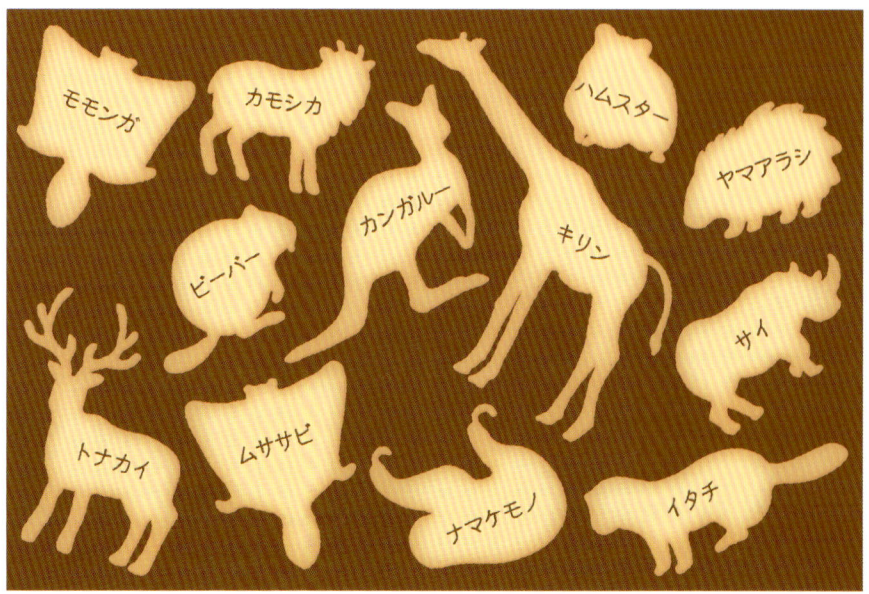

重要性 ★☆☆☆☆

漢字

摸摸貝和 (鼯鼠)	羚羊 (羚羊)	長尾驢 (袋鼠)	倉鼠 (倉鼠)	
海狸 (海狸)		麒麟 (長頸鹿)	豪猪 (豪豬)	
馴鹿 (馴鹿)	鼯鼠 (白頰鼯鼠)	樹懶 (樹懶)	犀 (犀牛)	鼬鼠 (鼬鼠)

モモンガ	カモシカ	カンガルー	ハムスター	
ビーバー		キリン	ヤマアラシ	
トナカイ	ムササビ	ナマケモノ	サイ	イタチ

78 植物的漢字

此篇整理了植物們的漢字名稱。
有沒有你能讀得懂的植物呢？

重要性 ★☆☆☆☆
漢字

アーモンド	アカシア	あけび	あざみ
扁桃	金合歡	木通	薊
杏仁	金合歡、相思樹	通草、山女、丁翁 木通	薊花

あすなろ	あせび	ありどおし	いおすき
翌檜	馬酔木	虎刺	商陸
羅漢柏	馬醉木	蟻通 伏牛花、虎刺	商陸

いたどり	いちび	いぬくぐ	いのこずち
虎杖	莔麻	磚子苗	牛膝
疼取 虎杖	苘麻	磚子苗	牛膝

いらくさ	うこぎ	うだいかんば	うど
刺草	五加	鵝松明樺	独活
蕁麻 咬人貓	五加木 刺五加	棘皮樺、黑樺	土當歸、獨活

うまごやし	うまのあしがた	ウルップそう	うわばみそう
苜蓿	毛茛	得撫草	蟒草
南苜蓿	毛茛	得撫草、兔耳草	樓梯草

えのころぐさ	えびかずら	おおばこ	おかぼ
狗尾草	葡萄葛	車前草	陸稻
狗尾草	紫葛、山葡萄	車前草	陸稻、旱稻

おだまき	おなもみ	おもと	オリーブ
苧環	葈耳	万年青	阿利襪
耬斗菜、夢幻草	卷耳 蒼耳	萬年青	橄欖

ががぶた	がじゅまる	かたばみ	かぼす
金銀蓮花	榕樹	酢漿草	臭橙
印度蕎菜、一葉蓮	榕樹	酢漿草	臭橙、香母酢

カミツレ	かもじぐさ	からたち	からむし
加密列	髢草	枳殼	苧
洋甘菊	鵝觀草	枸橘 臭橘、枸橘	苧麻

ぎしぎし **羊蹄** 羊蹄	きぶし **木五倍子** 旌節花	キャベツ **甘藍** 高麗菜	キンマ **蒟醬** 荖藤、蒟醬
くぐ **莎草** 莎草	ぐみ **茱萸** 胡頽子 茱萸	くらら **苦參** 苦參	くわい **慈姑** 慈姑
けし **芥子** 罌粟 罌粟花	げんげ **紫雲英** 紫雲英	こなぎ **小水葱** 小菜葱 鴨舌草、福菜	こぶし **辛夷** 日本辛夷、日本玉蘭
さいかち **皁莢** 皂莢 山皂莢	ささげ **豇豆** 大角豆 豇豆、長豆	ザボン **朱欒** 柚子	サルサ **撒爾沙** 菝葜
しおで **牛尾菜** 牛尾菜	しゃしゃんぼ **南燭** 米飯花、南燭	ジャスミン **耶悉茗** 茉莉花	じゅんさい **蓴菜** 蓴菜、水葵
すいかずら **忍冬** 忍冬	すかんぽ **酸模** 酸模	すぐり **酸塊** 鵝莓	すずしろ **蘿蔔** 白蘿蔔
たがやさん **鉄刀木** 鐵刀木	ちしゃ **萵苣** 萵苣	ちょろぎ **草石蚕** 甘露子 甘露子、草石蠶	つげ **黄楊** 黃楊
つわぶき **石蕗** 山菊	どうだんつつじ **満天星** 日本吊鐘花	ところ **野老** 山萆薢	とどまつ **椴松** 庫頁冷杉
とべら **海桐花** 海桐	なずな **薺** 薺菜	なべな **山芹菜** 日本續斷	にんにく **大蒜** 大蒜

ぬるで 白膠木 鹽膚木、五倍子樹	ねず 杜松 杜松	ねむのき 合歡木 合歡	のうぜんかずら 凌霄花 凌霄花
はじかみ 薑 薑	はぜのき 黄櫨 野漆、木蠟樹	はなずおう 花蘇芳 紫荊	はなひりのき 嚏の木 木藜蘆
はまごう 蔓荊 單葉蔓荊	はりえんじゅ 針槐 刺槐	ひごたい 平江帶 糙毛藍刺頭	ひなげし 雛罌粟 虞美人
ひめしゃが 姫射干 鳶尾花	びようやなぎ 未央柳 金絲桃	ほうれんそう 菠薐草 菠菜	ほおずき 酸漿 鬼灯 酸漿、掛金燈
ほおのき 朴の木 日本厚樸	ほどいも 塊芋 土圞兒	ポプラ 白楊樹 白楊木	ポンカン 椪柑 凸柑 椪柑
またたび 木天蓼 木天蓼	マンゴー 檬果 芒果	まんねんろう 迷迭香 迷迭香	みくり 三稜草 実栗 東亞黑三稜
ミント 女無天 薄荷	むくろじ 無患子 無患子	むべ 郁子 野木瓜、石月	めどはぎ 蒼萩 鐵掃帚
もぐさ 艾 艾草	もじずり 捩摺 綬草	もちのき 黐の木 全緣葉冬青	もっこく 木斛 厚皮香
ゆすらうめ 山桜桃 毛櫻桃	よひら 四葩 繡球花	りんどう 竜胆 龍膽	われもこう 吾亦紅 地榆

あこう 榕 雀榕	いすのき 柞 蚊母樹	おうち 棟 苦楝、苦芩	かや 榧 日本榧樹
くすのき 樟 樟樹	くぬぎ 櫟 麻櫟	こうぞ 楮 楮樹、小構樹	さわら 椹 日本花柏
しきみ 樒 日本莽草	たぶのき 橘 紅楠	つが 栂 日本鐵杉	つるばみ 橡 橡木*
とちのき 橡 日本七葉樹	とねりこ 梣 梣木	なら 楢 橡樹	にれ 楡 楡樹
はじかみ 椒 山椒	はしばみ 榛 榛樹	ははそ 柞 枹櫟	ひさかき 柃 柃木
ぶな 橅 山毛欅	まゆみ 檀 西南衛矛	もみ 樅 日本冷杉	ゆずりは 楪 交讓木、虎皮楠

*註：或稱「麻櫟」。也是麻櫟果實「橡實（どんぐり）」的古語。

79 有不同唸法的詞語

重要性 ★☆☆☆☆

漢字

「愛しい」除了可以唸成「いとしい」之外，還有其他唸法喔。
本篇集結了許多有不同讀音的漢字！

有2種以上讀音的漢字

たこ / いか	凧
グラム / かわら	瓦
うんぬん / しかじか	云云
へこ(む) / くぼ(む)	凹む
けし / からし	芥子
はやて / しっぷう	疾風
おめ(く) / わめ(く)	喚く
いきさつ / けいい	経緯
しゃく / えぐ(る)	抉る
なまこ / いりこ	海参
こす(い) / ずる(い)	狡い
あやめ / しょうぶ	菖蒲
せすじ / はいきん	背筋
ワンタン / うどん	饂飩
あさ(る) / いさ(る) / すな ど(る)	漁る
たつのおとしご / あしか / じゅごん / せいうち / とど	海馬
せせらわら(う) / あざわら(う)	嘲笑う
は(める) / うず(める)	塡める
ゆす(る) / ねだ(る)	強請る
こじ(れる) / ねじ(れる)	拗れる
かな(しい) / いと(しい)	愛しい
いつく(しむ) / お(しむ)	愛しむ
たた(える) / とな(える)	称える
こま(やか) / ささ(やか) / ほそ(やか)	細やか

120

80 球類運動的漢字

或許很多人看過「蹴球」和「庭球」的漢字。
不過其實還有很多表示運動項目的漢字喔！

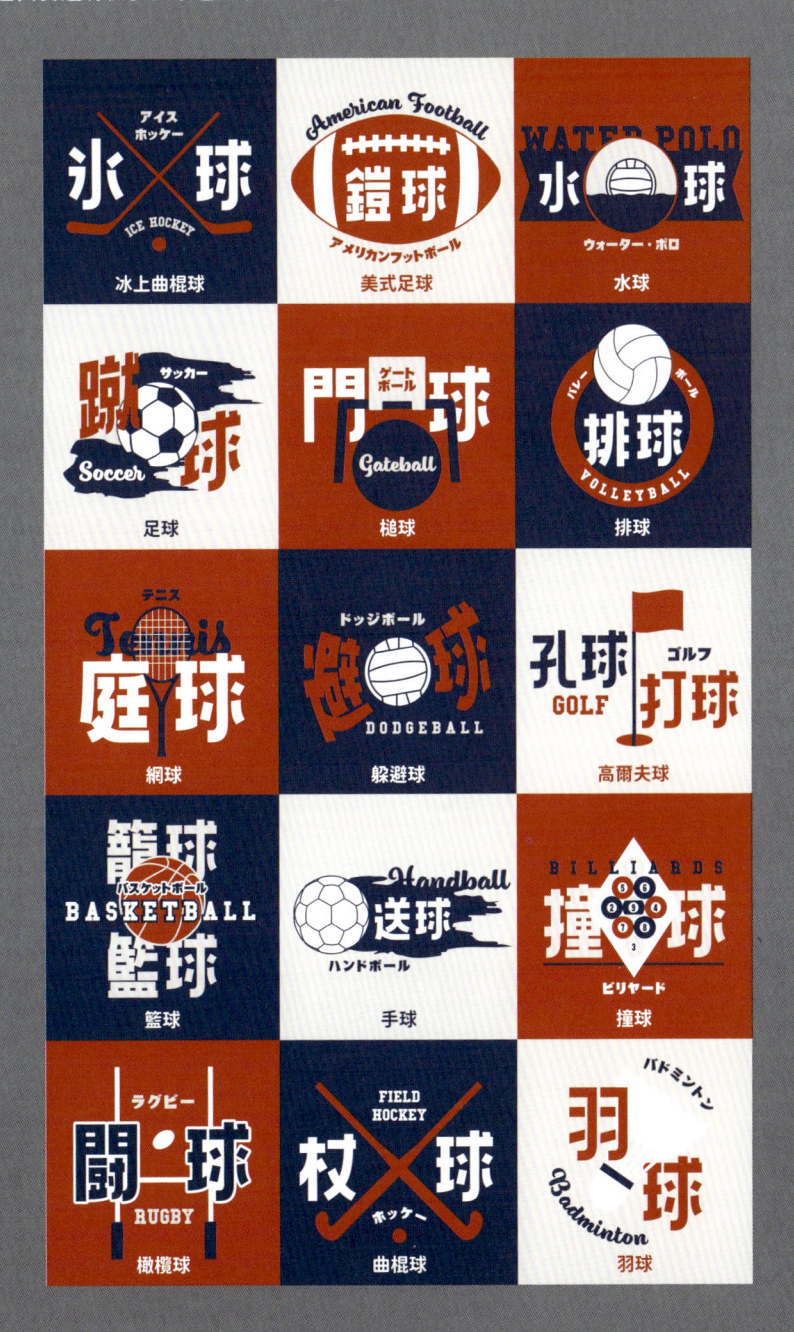

重要性 ★★★☆☆

漢字

冰上曲棍球	美式足球	水球
足球	槌球	排球
網球	躲避球	高爾夫球
籃球	手球	撞球
橄欖球	曲棍球	羽球

121

81 疊字詞語

所謂的疊字詞語，就是把同樣單字重複使用的詞彙。
靈感來源是耳環。

重要性 ★☆☆☆☆

漢字

終於要	連綿起伏	怯生生地	鋸齒狀般
愈愈	畝畝	怖怖	刻刻
iyo - iyo	une - une	ozu - ozu	giza - giza

閃閃發光	勉強趕上	形形色色	競競業業
煌煌	限限	毛毛	兀兀
kira - kira	giri - giri	keba - keba	kotsu - kotsu

心情舒暢	諸如此類	深刻感受	零零碎碎
爽爽	然然	沁沁	寸寸
saba - saba	shika - jika	shimi - jimi	zuta - zuta

地面很滑	焦躁不安	偶然	淅淅瀝瀝
滑滑	忙忙	会会	滴滴
sube - sube	sewa - sewa	tama - tama	tara - tara

暖和舒適	步步進逼	濃厚茂密	淡淡地
溫溫	犇犇	総総	几几
nuku - nuku	hishi - hishi	fusa - fusa	hono - bono

不同、分歧	一點也不	故意、刻意	顫抖不已
区区	努努	態態	戰戰
machi - machi	yume - yume	waza - waza	wana - wana

82 知道的漢字之
　　你所不知道的讀音

重要性 ★★★★☆

漢字

「熟れる」除了可以讀作「うれる」之外還有不同的讀音。
本篇列出許多「明明是知道的漢字，卻不知道有這種讀音呢！」的字詞。

知ってる漢字の 知らない読み　　動詞
知道的漢字　　之你所不知道的讀音

漢字	讀音	意思
購う	あがな‒う	購買
論う	あげつら‒う	討論、議論
糾う	あざな‒う	糾纏
肖る	あやか‒る	同化、效仿
埋かる	い‒かる	填充、填滿
熱れる	いき‒れる	感覺到熱氣
猶予う	いざよ‒う	猶豫
労く	いたつ‒く	努力
斎く	いつ‒く	侍奉神明
在す	いま‒す	在
答える	いら‒える	回答
茹だる	う‒だる	因炎熱而渾身無力

123

漢字	讀音	意思
諾う	うべな-う	承諾、答應
績む	う-む	搓揉
彫る	え-る	雕刻
戯ける	おど-ける	開玩笑
戦く	おのの-く	顫抖
怖む	お-む	害怕
阿る	おもね-る	討好
惟る	おもんみ-る	深思熟慮
生やす	おや-す	使……生長
叫ぶ	おら-ぶ	大聲呼喊
肯んじる	がえ-んじる	給予肯定
託つ	かこ-つ	抱怨、哀嘆
悴む	かじか-む	凍僵
炊ぐ	かし-ぐ	烹飪、料理
被く	かず-く	戴在頭上
潜く	かず-く	潛入水中
餓える	かつ-える	因挨餓而痛苦
勾引かす	かどわ-かす	誘拐
感ける	かま-ける	因爲專注於某事而忽視其他事
壊える	く-える	崩壞、惡化
潜る	くぐ-る	鑽進縫隙中
梳る	くしけず-る	梳頭髮
腐す	くた-す	使腐化
熟す	こな-す	消化

復習う	さら-う	復習
認める	したた-める	書寫文章
設える	しつら-える	設置
決る	しゃく-る	從中挖取
精げる	しら-げる	精米的過程
咳く	しわぶ-く	咳嗽
挿げる	す-げる	把線等穿過洞口的動作
漫う	すずろ-う	心神不寧
雪ぐ	そそ-ぐ	去除髒汙
戯える	そば-える	微風吹拂
禿びる	ち-びる	尖端磨損
交尾む	つる-む	交配
響む	どよ-む	人聲鼎沸
泥む	なず-む	陷入泥淖
準える	なぞら-える	視為同類
拉ぐ	ひし-ぐ	壓碎、壓扁
放下す	ほか-す	放下重擔
解れる	ほつ-れる	鬆綁
潤びる	ほと-びる	浸潤
憤る	むずか-る	變得心情不好
目眩く	めくるめ-く	頭暈目眩
黙す	もだ-す	沉默
弁える	わきま-える	領會道理
戦慄く	わなな-く	輕輕顫抖

83 部首是魚的漢字

重要性 ★☆☆☆☆
漢字

說到很難讀的漢字，很多人也許會直覺回答：部首是魚的漢字！
首先先遮住平假名來讀看看吧！

漢字	讀音	意思
鮗	このしろ	鮗魚
鰹	かつお	鰹魚
鱆	たこ	章魚
鱒	ます	鱒魚
鱪	ももかぶり	蝦虎魚
鮃	ひらめ	比目魚
鮇	いわな	紅點鮭
鰈	かれい	鰈魚
鰆	さわら	土魠魚
鮱	ぼら	烏魚
鰊	にしん	鯡魚
鯵	あじ	竹筴魚
鮑	あわび	鮑魚
鰐	わに	鱷魚
鱓	うつぼ	鱔魚
鮹	たこ	章魚
鯎	わかめます	赤眼鱒
鮨	すし	現泛指壽司
魞	えり	獨特的捕魚網
鯛	たい	鯛魚
鰉	ひがい	小眼鱠
鰻	うなぎ	鰻魚
鱟	かぶとがに	鱟
鮍	かわはぎ	剝皮魚
鯵	いさざ	蝦虎魚
鰥	やもお	鰥夫
鱊	いさざ	蝦虎魚
鯽	きょう	成年香魚
鯖	さば	鯖魚
鮫	さめ	鯊魚
鯐	すばしり	青頭仔
鰯	いわし	沙丁魚
鯡	にしん	鯡魚
魳	かます	梭魚
鱶	あわび、ふぐ	鮑魚或河豚
鯥	むつ	鯥魚
鰻	むつ	鯥魚
鯢	さんしょううお	山椒魚
鱧	えい	魟魚
鯏	うぐい	珠星三塊魚
鯒	こち	牛尾魚
鮠	ふぐ	河豚
鰭	ぶり	西太公魚或鰤魚
鰔	かれい	鰈魚
鯥	むろあじ	藍圓鰺
鱓	ごまめ	魩仔魚
鯣	するめ	乾魷魚
鰤	ぶり	鰤魚、青甘
鮡	せいこ	鱸魚的幼魚
鯣	するめ	乾魷魚
鱶	ふか	大型鯊魚
鰌	どじょう	泥鰍
鱧	はも	海鰻
鮥	たちうお、えつ	白帶魚、鳳尾魚
鯛	たい	鯛魚
鯸	ふぐ	河豚
鰍	かじか、どじょう	杜父魚／石伏魚、泥鰍
鮸	にべ	鮸魚
鮴	ごり	石伏魚
鱚	きす	鱚魚
鱈	たら	鱈魚
鮎	あゆ	香魚
鱓	うつぼ	鱔魚、沙鮻
魚	さかな	魚類

漢字	讀音	意思
鰻	やもお	鰈夫 或山女魚
鯉	こい	鯉魚
鮭	さけ	鮭魚
鱘	ちょうざめ	鱘魚
鱠	はらか	鱒魚
鯱	しゃちほこ	虎頭魚尾的神獸
鰭	ひれ	魚鰭
鱸	すずき	鱸魚
鱷	わに	鱷魚
鮖	つくら	海獅
鱲	からすみ	烏魚子
魵	えび	蝦
鮭	さけ	鮭魚
魷	いか	魷魚、花枝
鯛	たなご	黑腹鱊
鱵	さより	針魚
鯰	なまず	鯰魚
鱗	うろこ	鱗片
蜊	あさり、うぐい	花蛤或珠星三塊魚
鯨	くじら	鯨魚
鰓	えら	鰓
鮸	あめのうお	鱒魚
鯏	はす	馬口魚
鯧	まながつお	北鯧、白鯧
鱈	すけとうだら	阿拉斯加鱈、明太魚
鰶	このしろ	窩斑鰶
鏈	たなご	黑腹鱊
鱠	なまず	切細長條狀的魚肉料理
鮮	あみ	磷蝦
鰕	えび	蝦
鱠	えそ	狗母魚
鱩	はたはた	叉牙魚
鱰	しいら	鬼頭刀
鮀	なまず	鯰魚
魳	かじか	杜父魚、石伏魚
鰮	いわし	沙丁魚
鯱	しゃち	虎頭魚尾的神獸
鱰	しいら	鬼頭刀
鮪	まぐろ	鮪魚
鰭	たかべ	銀腹貪食舵魚
鮠	はや	鰈魚
鰈	かれい	鰈魚
鯁	のぎ	細小魚刺
鱰	しいら	鬼頭刀
魱	とど	北海獅
鮑	はや	鰷魚
鯷	ひしこ	鯷魚
鰮	いわし	沙丁魚
鮭	さけ	鮭魚
鮊	しろうお	銀魚
鰍	どじょう	泥鰍
鯆	いるか	海豚
鰷	はや、はえ	鰷魚
鯡	かずのこ	鯡魚卵
鰺	あじ	竹莢魚
鰾	ふえ、うきぶくろ	魚鰾
魽	はたはた	叉牙魚
鮒	ふな	鯽魚
鮄	たなご	黑腹鱊
鮨	すし	現泛指壽司
鰤	しゅうし	鰤魚
鮎	なまず	鯰魚
鰌	はや	鰷魚
魥	まて、こち	竹蟶、竹蛤
鯔	ぼら、いな	烏魚

84　鳥類的漢字

比起魚類，鳥類的漢字數量雖然比較少，
但也屬於難讀類的漢字。
鳥兒們的名稱用漢字寫出來後感覺更美了。
靈感來源是鳥籠。

重要性　★★★☆☆
漢字

鵤	いすか	紅交嘴雀
鵜	う	鸕鷀
鶯	うぐいす	黃鶯
鶉	うずら	鵪鶉
鷽	うそ	歐亞鷽
鴨	かも	鴨
鴎鷗	かもめ	海鷗
烏鴉	からす	烏鴉
雁	がん	雁鳥
雉	きじ	綠雉
鵠	くぐい	天鵝
鸛	こうのとり	東方白鸛
鷺	さぎ	鷺
鸇	さしば	灰面鵟鷹
鴫鷸	しぎ	鷸鳥

128

鵐	しめ	臘嘴雀
雀	すずめ	麻雀
鷹	たか	鷹
鶫	つぐみ	鶇鳥
燕	つばめ	燕子
鶴	つる	鶴
鴇	とき	朱鷺
鳶鵄鵈	とび	黑鳶（俗稱老鷹）
鶏鷄	にわとり	雞
鷂	はいたか	雀鷹
鳩鴿	はと	鴿子
隼	はやぶさ	遊隼（獵鷹）
鷭	ばん	紅冠水雞
鴻	ひしくい	鴻雁
鶲	ひたき	鶲鳥
鵯	ひよどり	棕耳鵯
梟	ふくろう	貓頭鷹
鶚	みさご	鶚、魚鷹
鷲	わし	鷲、雕

85 國家名稱的漢字寫法

重要性 ★★★☆☆
漢字

在需要縮短以片假名書寫的國名時，會使用單一漢字的寫法。
部分國名可能有複數的漢字寫法，不過本篇僅挑選一個收錄。

片假名	漢字	中文
(標題)	國名的單字漢字寫法	
アイスランド	氷	冰島
アイルランド	愛	愛爾蘭
アメリカ	米	美國
アルゼンチン	亜	阿根廷
イギリス	英	英國
イタリア	伊	義大利
インド	印	印度
インドネシア	尼	印尼
エジプト	埃	埃及
オーストラリア	豪	澳洲
オーストリア	墺	奧地利
オランダ	蘭	荷蘭
カナダ	加	加拿大
ギリシャ	希	希臘
シリア	叙	敘利亞
スイス	瑞	瑞士
スウェーデン	瑞	瑞典
スペイン	西	西班牙

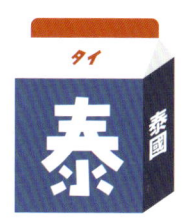

タイ 泰 泰國	デンマーク 丁 丹麥	ドイツ 独 德國	トルコ 土 土耳其
ニュージーランド 新 紐西蘭	ノルウェー 諾 挪威	ハンガリー 洪 匈牙利	フィリピン 比 菲律賓
フィンランド 芬 芬蘭	フランス 仏 法國	ベトナム 越 越南	ベネズエラ 委 委內瑞拉
ペルー 秘 秘魯	ベルギー 白 比利時	ポーランド 波 波蘭	ポルトガル 葡 葡萄牙
ミャンマー 緬 緬甸	メキシコ 墨 墨西哥	モンゴル 蒙 蒙古	ロシア 露 俄羅斯

86 字體的種類

明體
みんちょうたい

明朝体

- 字體有「襯線」裝飾
- 橫線較細、豎線較粗

主要用途

襯線↓

- 多用於書籍或報紙等正文的排版
（粗體明體字型也適用於標題）

黑體
ゴシックたい

ゴシック体

- 沒有裝飾，屬於無襯線體
- 橫線跟豎線粗細都一樣

主要用途

復古黑體 あ 帶有手寫字感
新黑體 あ 整體線條較直

- 標題字型
（細體黑體字型也適用於正文）

圓黑體
まるゴシックたい

丸ゴシック体

- 將黑體字型的尾端或字體的轉角處呈現得更圓潤

主要用途

- 適用於希望在標題或正文呈現溫潤感時

楷體
かいしょたい

楷書体

- 呈現一筆一畫書寫感的毛筆風字型

主要用途

- 印鑑、正文

宋體
そうちょうたい

宋朝体

- 橫、豎線的粗細幾乎相同
- 字型整體有稍微向右上提拉的感覺

主要用途

- 名片
（相當適合直式書寫）

教科書體
きょうかしょたい

教科書体

- 字型接近楷體
- 更有手寫的味道

主要用途

- 日本小學的教科書

行書體
ぎょうしょたい

行書体

- 雖與楷體相近，但整體呈現更加個性隨和
- 介於楷體和草書體中間的字型

主要用途

- 印鑑
- 和風商品

草書體
そうしょたい

草書体

- 筆畫上省略幅度比較大的行書體

主要用途

- 老舖的招牌或商品

勘亭流
かんていりゅう

勘亭流

- 帶有流線感的粗體毛筆風字型
- 江戶時期的字體之一

主要用途

- 歌舞伎的看板或節目表
- 和風商品

※使用勘亭流或相撲體時不太會留白，是因為帶有祈願「會場被衆多客人們擠滿」的意義。

零食包裝、廣告文宣，以及本書的內文。
文字可以透過許多不同的字型來表現。
如果能理解這些字體的特徵，
也許能更好地感受「文字」的力量喔！

重要性　★★★☆☆

日語

相撲體
すもうもじ

相撲文字

- 看起來充滿力道的粗體毛筆風字型
- 江戶時期的字體之一

主要用途

- 相撲或落語的看板、表演者大名的卷軸立牌和節目表
- 和風商品

古印體
こいんたい

古印体

- 線條不平整，帶有波動且飽經滄桑感的字型

主要用途

- 印鑑
- 恐怖主題相關的商品

隸書
れいしょたい

隷書体

- 最具代表的特色之一是「波磔」的運筆，也就是書法中俗稱的蠶頭燕尾
- 橫線通常比較長

主要用途

- 印鑑　・日幣紙鈔

篆書
てんしょたい

篆書体

- 線條粗細均衡
- 豎線通常比較長

主要用途

- 印鑑
- 日幣紙鈔

古董體／古樣體
アンチックたい

アンチック体

- 漢字部分採用黑體，假名部分採用明朝體的混合字型
- 整體來說字體筆畫粗細平均

主要用途

- 日本漫畫作品中的對話

POP體
POPたい

POP体

- 手繪美工字體的風格
- 屬於設計字體之一

主要用途

- 商品相關廣告、海報

設計字體
デザインしょたい

デザイン書体

- 無法被歸類到明體、黑體等類別的特殊字型

主要用途

- 商品或品牌名稱

87 日文書信之季節的問候、開頭和結語

重要性 ★★★★☆
日語

左側是針對季節的問候所使用的詞語。
試著在這些詞語後面加上「〜の候」或「〜の折」作為問候。
右側則是介紹書信開頭所使用的頭語,以及示意信件結束的結語。
靈感來源是雛吊飾。

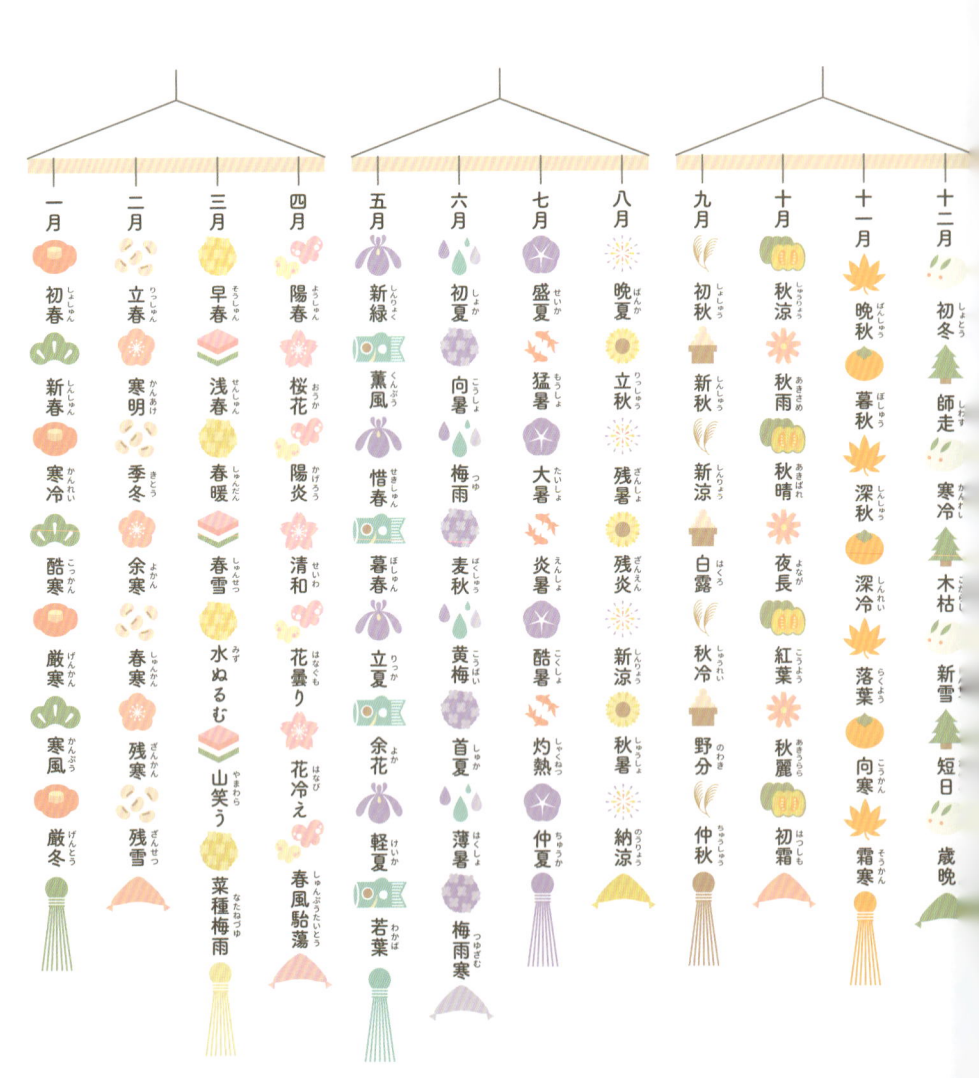

一月	二月	三月	四月	五月	六月	七月	八月	九月	十月	十一月	十二月
初春（しょしゅん）	立春（りっしゅん）	早春（そうしゅん）	陽春（ようしゅん）	新緑（しんりょく）	初夏（しょか）	盛夏（せいか）	晩夏（ばんか）	初秋（しょしゅう）	秋涼（しゅうりょう）	晩秋（ばんしゅう）	初冬（しょとう）
新春（しんしゅん）	寒明（かんあけ）	浅春（せんしゅん）	桜花（おうか）	薫風（くんぷう）	向暑（こうしょ）	猛暑（もうしょ）	立秋（りっしゅう）	新秋（しんしゅう）	秋晴（あきばれ）	暮秋（ぼしゅう）	師走（しわす）
寒冷（かんれい）	季冬（きとう）	春暖（しゅんだん）	陽炎（かげろう）	惜春（せきしゅん）	梅雨（つゆ）	大暑（たいしょ）	残暑（ざんしょ）	新涼（しんりょう）	秋冷（しゅうれい）	夜長（よなが）	寒冷（かんれい）
酷寒（こっかん）	余寒（よかん）	春雪（しゅんせつ）	清和（せいわ）	暮春（ぼしゅん）	麦秋（ばくしゅう）	炎暑（えんしょ）	残炎（ざんえん）	白露（はくろ）	秋麗（あきうらら）	紅葉（こうよう）	木枯（こがらし）
厳寒（げんかん）	春寒（しゅんかん）	水ぬるむ（みずぬるむ）	花曇り（はなぐもり）	立夏（りっか）	黄梅（こうばい）	酷暑（こくしょ）	新涼（しんりょう）	秋冷（しゅうれい）	夜長（よなが）	落葉（らくよう）	新雪（しんせつ）
寒風（かんぷう）	残寒（ざんかん）	山笑う（やまわらう）	花冷え（はなびえ）	余花（よか）	首夏（しゅか）	灼熱（しゃくねつ）	秋麗（しゅうれい）	野分（のわき）	秋麗（あきうらら）	向寒（こうかん）	短日（たんじつ）
厳冬（げんとう）	残雪（ざんせつ）	菜種梅雨（なたねづゆ）	春風駘蕩（しゅんぷうたいとう）	軽夏（けいか）	薄暑（はくしょ）	仲夏（ちゅうか）	梅雨寒（つゆざむ）	仲秋（ちゅうしゅう）	初霜（はつしも）	霜寒（そうかん）	歳晩（さいばん）
				若葉（わかば）							

134

類別	開頭	結尾	結尾語
初次聯繫之書信	拝啓	拝呈	初めてお便りを差し上げます
	拝具	敬具	敬白	かしこ（限女性）突然お手紙を差し上げる失礼をお許しください（限女性）
再寫之書信	拝啓	再呈	敬具	再啓	敬白	拝具	かしこ（限女性）重ねて申し上げます たびたび失礼ながらお便り申し上げます（限女性）
回信用書信	拝復	復啓	敬具	拝答	謹復	敬白	かしこ（限女性）お手紙拝見いたしました（限女性）
緊急書信	急啓	草々	急呈	不一	不備	かしこ（限女性）取り急ぎ申し上げます（限女性）
省略開頭問候語，適合關係比較親近的書信	前略	草々	冠省	不一	かしこ（限女性）前略失礼いたします 前文お許しください（限女性）前略ごめんください（限女性）
特別重視禮儀的書信	謹啓	謹言	謹呈	恭啓	謹白	敬白	かしこ（限女性）謹んで申し上げます（限女性）
一般書信	拝啓	敬具	拝呈	敬白	啓上	拝具	かしこ（限女性）一筆申し上げます（限女性）

135

88 季語

春

- 日うらら（柔和的陽光）
  形容春天的曖陽柔和地灑在大地上的光景。
- 猫の恋（貓兒們的戀愛）
  適逢貓咪的發情期而來。
- 菜の花蝶に化す（幻化成蝶的油菜花）
  聚集在油菜花田的黃色蝴蝶翩翩飛舞著，彷彿花之精靈。
- 花筏（花筏）
  將飄落在水面上並匯集在一起的花瓣比喻成筏。
- 風光る（彷彿風也在發光）
  氣候回暖，感覺連吹拂而來的微風都閃閃發光。
- ぶらんこ（鞦韆）
  盪鞦韆。可以說是為了描繪春天的光景而成為春天的季語。
- しゃぼん玉（肥皂泡泡）
  風吹泡泡。可以說是為了描繪春天的光景而成為春天的季語。

夏

- 燈涼し（燈火帶來的涼爽）
  住家亮起的燈火，象徵著夜晚的到來，讓人感受涼意。
- 炎帝（炎帝）
  中國神話中掌管夏天的神祇。
- 雲の峰（雲峰）
  形容雲朵層層堆疊，宛如連綿起伏的山峰。
- 風薫る（薰風）
  初夏時節微風輕輕吹拂過嫩綠青葉的樣子。
- いちごミルク（草莓牛奶）
  草莓本就屬於夏天的季語。
- お花畑（花田）
  這邊指的是高山植物的花田，因此並非春天而是屬於夏天的季語。
- 香水（香水）
  因容易流汗的夏季，使用香水的機會也變多。

136

在俳句等處用來表現季節的詞語。
除了有讓景致生動浮現在腦海的美麗日語之外，
也有些讓人覺得意外的詞語被納入季語裡喔。

重要性 ★★☆☆☆

日語

秋

- **ロザリオの月**（玫瑰聖母月）
天主教裡「十月」的別稱之一。

- **燕去月**（燕去月）
陰曆八月的別稱之一。源自春天來訪的燕子在此時返回而得名。

- **碇星**（仙后座）
日語「仙后座」的別名。因其最佳觀測季節是在秋天而納入秋天季語。

- **律の調べ**（秋天的音色）
「律」指得是和琴所演奏的音調。屬於秋天的感性之一。

- **色なき風**（沒有色彩的風）
一點也不華麗，讓人感到寂寞的風。

- **夜食**（宵夜）
除了夜晚漸長之外，也因食慾之秋的說法而納入秋天的季語。

- **爽やか**（清爽）
描述乾爽的秋風吹拂而來的景象。

冬

- **極月**（極月）
陰曆十二月的別名。

- **黒帝**（黑帝）
冬天的別名。

- **袖の時雨**（袖子上的小雨）
把被淚水沾濕的袖口比喻成雨天的詞語。

- **風花**（風花）
形容在晴天時，像花瓣般被風吹舞在空中的雪花。

- **冬銀河**（冬季銀河）
在清澈明亮的冬日星空中閃耀的銀河。

- **日向ぼっこ**（冬日暖陽）
在寒冷的日子裡，冬日的陽光令人感到暖呼呼。

- **納豆**（納豆）
以前納豆多半是在冬季才能吃到，因此納入冬季季語。

137

89 六歌仙・三十六歌仙

重要性 ★☆☆☆☆
日本古典

六歌仙為《古今和歌集》中所列舉的六位歌人。
而三十六歌仙則是《三十六人撰》中所提到的平安時代的和歌名家。
搭配其代表和歌，一起欣賞吧！靈感來源是應援毛巾。

六歌仙

001/006	僧正遍昭（そうじょうへんじょう）	天つ風 雲の通ひ路 吹きとぢよ をとめの姿 しばしとどめむ
002/006	在原業平（ありわら の なりひら）	ちはやぶる 神代も聞かず 竜田川 からくれなゐに 水くくるとは
003/006	文屋康秀（ふんや の やすひで）	吹くからに 秋の草木の しをるれば むべ山風を 嵐といふらむ
004/006	喜撰法師（きせんほうし）	わが庵は 都の辰巳 しかぞすむ 世を宇治山と 人はいふなり
005/006	小野小町（おの の こまち）	花の色は 移りにけりな いたづらに 我が身世にふる ながめせし間に
006/006	大伴黒主（おおとも の くろぬし）	春さめの ふるは涙か 桜花 散るを惜しまぬ 人しなければ

三十六歌仙

001/036	柿本人麻呂（かきのもと の ひとまろ）	あしびきの 山鳥の尾の しだり尾の ながながし夜を ひとりかも寝む
002/036	山部赤人（やまべ の あかひと）	田子の浦に うち出でてみれば 白妙の 富士の高嶺に 雪は降りつつ
003/036	大伴家持（おおとも の やかもち）	かささぎの 渡せる橋に おく霜の 白きを見れば 夜ぞ更けにける
004/036	猿丸大夫（さるまるだゆう）	奥山に 紅葉踏み分け 鳴く鹿の 声聞くときぞ 秋は悲しき
005/036	僧正遍昭（そうじょうへんじょう）	天つ風 雲の通ひ路 吹きとぢよ をとめの姿 しばしとどめむ
006/036	在原業平（ありわら の なりひら）	ちはやぶる 神代も聞かず 竜田川 からくれなゐに 水くくるとは
007/036	小野小町（おの の こまち）	花の色は 移りにけりな いたづらに 我が身世にふる ながめせし間に
008/036	藤原兼輔（ふじわら の かねすけ）	みかの原 わきて流るる 泉川 いつ見きとてか 恋しかるらむ
009/036	紀貫之（き の つらゆき）	人はいさ 心も知らず ふるさとは 花ぞ昔の 香ににほひける
010/036	凡河内躬恒（おおしこうち の みつね）	心あてに 折らばや折らむ 初霜の おきまどはせる 白菊の花
011/036	紀友則（き の とものり）	ひさかたの 光のどけき 春の日に しづ心なく 花の散るらむ
012/036	壬生忠岑（みぶ の ただみね）	有明の つれなく見えし 別れより 暁ばかり 憂きものはなし

138

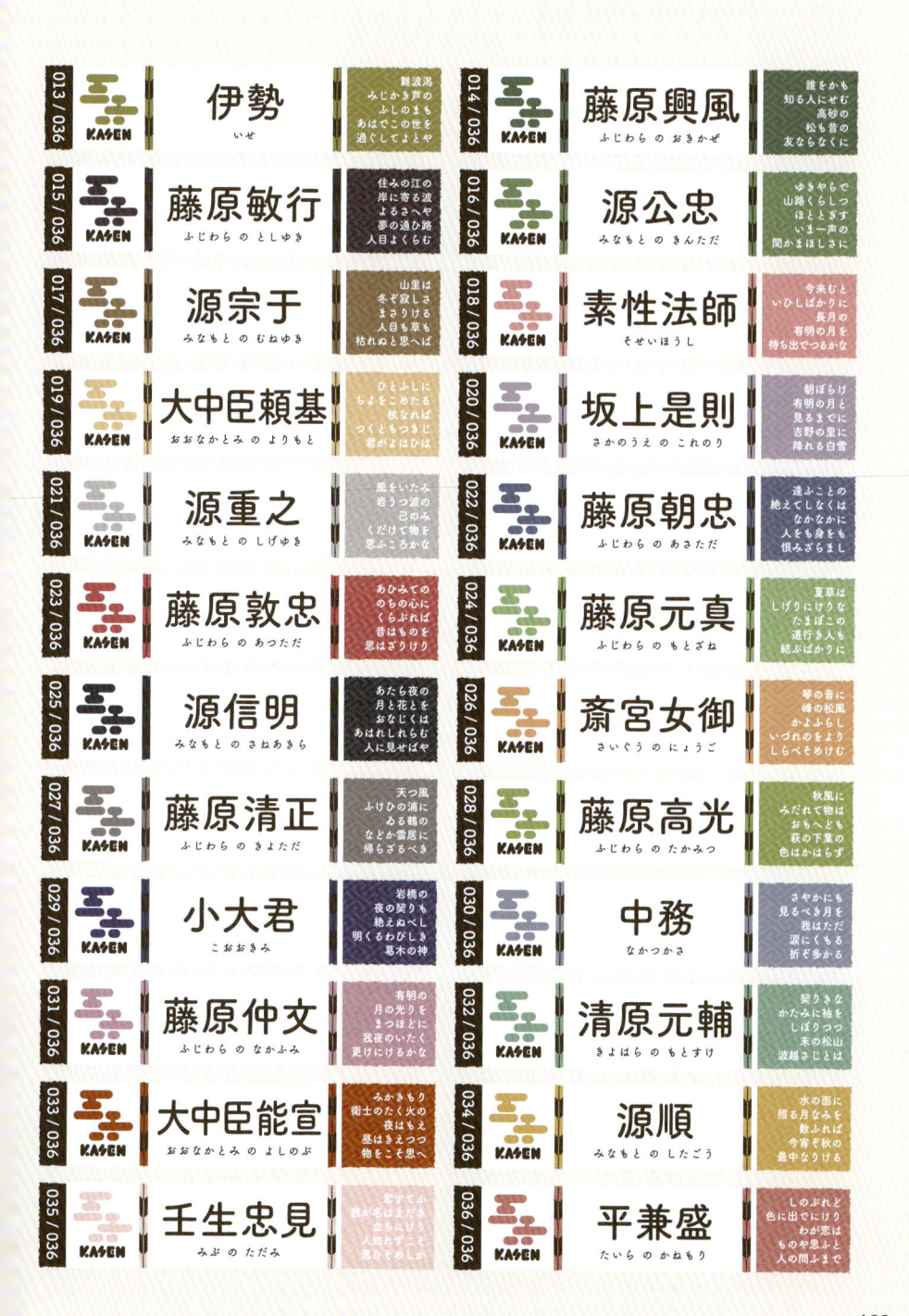

013 / 036	伊勢 (いせ)	難波潟 みじかき芦の ふしのまも あひでこの世を 過ぐしてよとや
014 / 036	藤原興風 (ふじわら の おきかぜ)	誰をかも 知る人にせむ 高砂の 松も昔の 友ならなくに
015 / 036	藤原敏行 (ふじわら の としゆき)	住の江の 岸に寄る波 よるさへや 夢の通ひ路 人目よくらむ
016 / 036	源公忠 (みなもと の きんただ)	ゆきやらで 山路くらしつ ほととぎす いま一声の 聞かまほしさに
017 / 036	源宗于 (みなもと の むねゆき)	山里は 冬ぞ寂しさ まさりける 人目も草も 枯れぬと思へば
018 / 036	素性法師 (そせいほうし)	今来むと いひしばかりに 長月の 有明の月を 待ち出でつるかな
019 / 036	大中臣頼基 (おおなかとみ の よりもと)	ひとふしに ちよをこめたる 杖なれば つくともつきじ 君がよはひは
020 / 036	坂上是則 (さかのうえ の これのり)	朝ぼらけ 有明の月と 見るまでに 吉野の里に 降れる白雪
021 / 036	源重之 (みなもと の しげゆき)	風をいたみ 岩うつ波の 己のみ くだけて物を 思ふころかな
022 / 036	藤原朝忠 (ふじわら の あさただ)	逢ふことの 絶えてしなくは なかなかに 人をも身をも 恨みざらまし
023 / 036	藤原敦忠 (ふじわら の あつただ)	あひみての のちの心に くらぶれば 昔はものを 思はざりけり
024 / 036	藤原元真 (ふじわら の もとざね)	夏草は しげりにけりな たまぼこの 道行き人も 結ぶばかりに
025 / 036	源信明 (みなもと の さねあきら)	あたら夜の 月と花とを おなじくは あはれしれらむ 人に見せばや
026 / 036	斎宮女御 (さいぐう の にょうご)	琴の音に 峰の松風 かよふなり いづれのをより しらべそめけむ
027 / 036	藤原清正 (ふじわら の きよただ)	天つ風 ふけひの浦に ゐる鶴の などか雲居に 帰らざるべき
028 / 036	藤原高光 (ふじわら の たかみつ)	秋風に みだれて物は おもへども 萩の下葉の 色はかはらず
029 / 036	小大君 (こおおきみ)	岩橋の 夜の契りも 絶えぬべし 明くるわびしき 葛木の神
030 / 036	中務 (なかつかさ)	さやかにも 見るべき月を 我はただ 涙にもる 折ぞ多かる
031 / 036	藤原仲文 (ふじわら の なかふみ)	有明の 月の光りを まつほどに 我夜のいたく 更けにけるかな
032 / 036	清原元輔 (きよはら の もとすけ)	契りきな かたみに袖を しぼりつつ 末の松山 波越さじとは
033 / 036	大中臣能宣 (おおなかとみ の よしのぶ)	みかきもり 衛士のたく火の 夜はもえ 昼はきえつつ 物をこそ思へ
034 / 036	源順 (みなもと の したごう)	水の面に 照る月なみを 数ふれば 今宵ぞ秋の 最中なりける
035 / 036	壬生忠見 (みぶ の ただみ)	恋すてふ 我が名はまだ 立ちにけり 人知れずこそ 思ひそめしか
036 / 036	平兼盛 (たいら の かねもり)	しのぶれど 色に出でにけり わが恋は ものや思ふと 人の問ふまで

139

90 小說的開頭

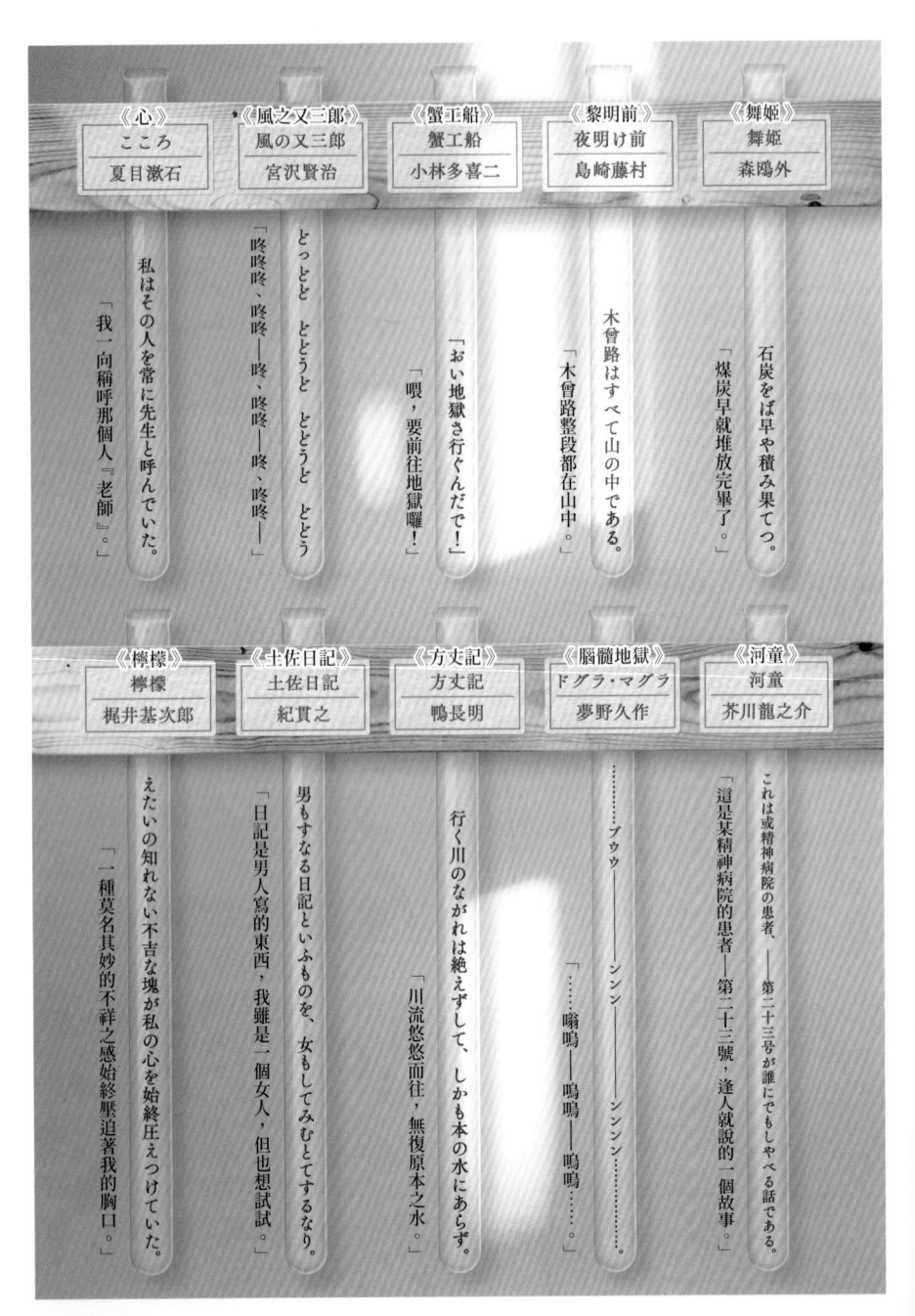

《心》 こころ	夏目漱石	私はその人を常に先生と呼んでいた。「我一向稱呼那個人『老師』。」
《風之又三郎》 風の又三郎	宮沢賢治	どっどど どどうど どどうど どどう 咚咚咚、咚咚――咚、咚咚――咚、咚咚――」
《蟹工船》 蟹工船	小林多喜二	「おい地獄さ行ぐんだで!」「喂,要前往地獄囉!」
《黎明前》 夜明け前	島崎藤村	木曾路はすべて山の中である。「木曾路整段都在山中。」
《舞姬》 舞姬	森鷗外	石炭をば早や積み果てつ。「煤炭早就堆放完了。」
《檸檬》 檸檬	梶井基次郎	えたいの知れない不吉な塊が私の心を始終圧えつけていた。「一種莫名其妙的不祥之感始終壓迫著我的胸口。」
《土佐日記》 土佐日記	紀貫之	男もすなる日記といふものを、女もしてみむとてするなり。「日記是男人寫的東西,我雖是一個女人,但也想試試。」
《方丈記》 方丈記	鴨長明	行く川のながれは絶えずして、しかも本の水にあらず。「川流悠悠而往,無復原本之水。」
《腦髓地獄》 ドグラ・マグラ	夢野久作	……ブウウ――ンンン――ンンンン……「……嗡嗚――嗚嗚――嗚嗚……」
《河童》 河童	芥川龍之介	これは或精神病院の患者――第二十三號が誰にでもしゃべる話である。「這是某精神病院的患者――第二十三號,逢人就說的一個故事。」

著名小說的開頭也同樣很有名。一句話就能引人入勝。
靈感來源是試管。

重要性　★★☆☆☆

日本文學

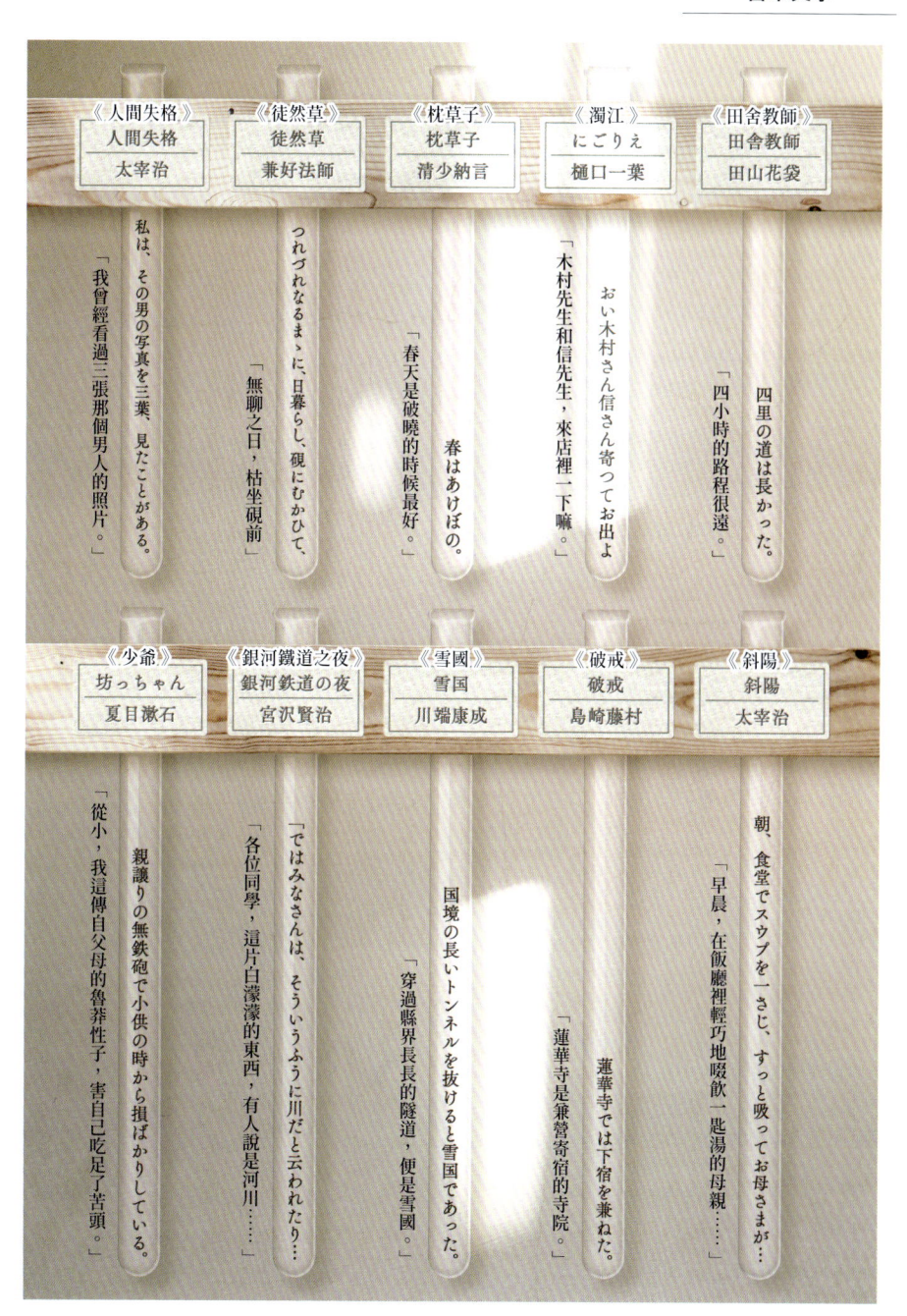

《人間失格》人間失格　太宰治
「我曾經看過三張那個男人的照片。」
私は、その男の写真を三葉、見たことがある。

《徒然草》徒然草　兼好法師
「無聊之日，枯坐硯前。」
つれづれなるまゝに、日暮らし、硯にむかひて、

《枕草子》枕草子　清少納言
「春天是破曉的時候最好。」
春はあけぼの。

《濁江》にごりえ　樋口一葉
「木村先生和信先生，來店裡一下嘛。」
おい木村さん信さん寄つてお出よ

《田舍教師》田舍教師　田山花袋
「四小時的路程很遠。」
四里の道は長かった。

《少爺》坊っちゃん　夏目漱石
「從小，我這傳自父母的魯莽性子，害自己吃足了苦頭。」
親譲りの無鉄砲で小供の時から損ばかりしている。

《銀河鐵道之夜》銀河鉄道の夜　宮沢賢治
「各位同學，這片白濛濛的東西，有人說是河川……」
ではみなさんは、そういうふうに川だと云われたり、

《雪國》雪国　川端康成
「穿過縣界長長的隧道，便是雪國。」
国境の長いトンネルを抜けると雪国であった。

《破戒》破戒　島崎藤村
「蓮華寺是兼營寄宿的寺院。」
蓮華寺では下宿を兼ねた。

《斜陽》斜陽　太宰治
「早晨，在飯廳裡輕巧地啜飲一匙湯的母親……」
朝、食堂でスウプを一さじ、すっと吸ってお母さまが…

141

91 文豪們的代表作

重要性 ★★☆☆☆

日本文學

本篇挑出了著名文豪們名垂青史的代表作。
靈感來源是名片。

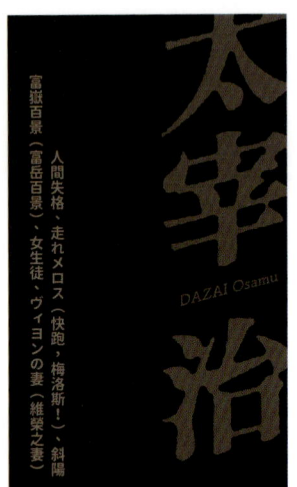

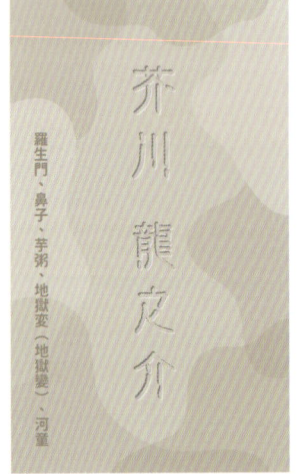

夏目漱石　小說家、英文學者、俳句詩人
吾輩は猫である（我是貓）、坊っちゃん（少爺）、草枕、三四郎、それから（後來的事）、こころ（心）

太宰治 DAZAI Osamu
富嶽百景（富岳百景）、人間失格、走れメロス（快跑、梅洛斯！）、女生徒、ヴィヨンの妻（維榮之妻）、斜陽

三島由紀夫　小說家、劇作家、散文作家、評論家、政治活動家
金閣寺、潮騷、仮面の告白（假面的告白）、鏡子の家（鏡子之家）、鹿鳴館

江戶川亂步
陰獣（陰獸）、孤島の鬼（孤島之鬼）、怪人二十面相、D坂の殺人事件（D坂殺人事件）

芥川龍之介
羅生門、鼻子、芋粥、地獄変（地獄變）、河童

宮沢賢治
銀河鉄道の夜（銀河鐵道之夜）、注文の多い料理店（要求很多的餐廳）、雨ニモマケズ（不輸給雨）、風の又三郎（風之又三郎）、セロ弾きのゴーシュ（大提琴手高修）

142

森 鷗外
Mori Ogai

舞姫、高瀬舟、阿部一族

小説家 梶井 基次郎

檸檬

Kの昇天（Kの的昇天）、
櫻の樹の下には（櫻花樹下）、
交尾（交配）

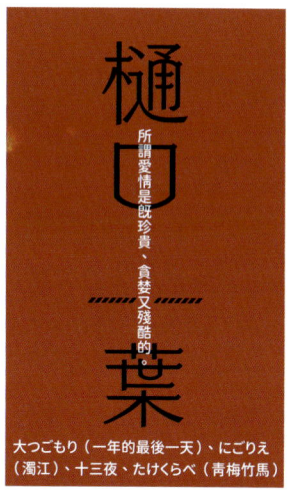

樋口一葉

所謂愛情是既珍貴、貪婪又殘酷的

大つごもり（一年的最後一天）、にごりえ（濁江）、十三夜、たけくらべ（青梅竹馬）

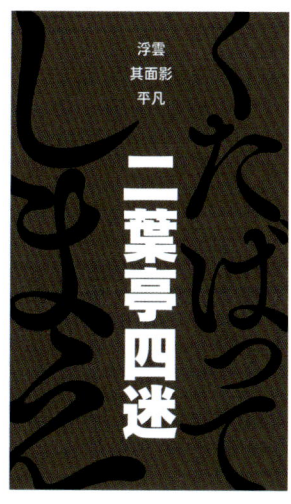

浮雲
其面影
平凡

二葉亭四迷

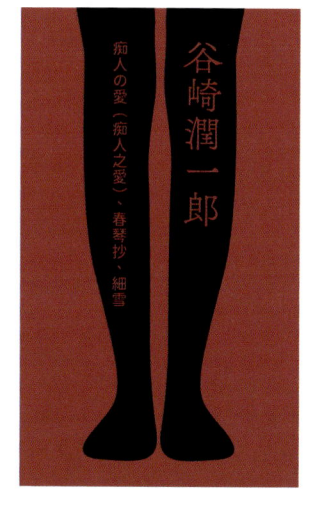

くたばってしまえ

谷崎潤一郎

痴人の愛（痴人之愛）、春琴抄、細雪

井伏鱒二

山椒魚
ジョン万次郎漂流記
（約翰萬次郎漂流記）

92 國名、首都、國旗、國碼

- 國名：アイスランド
- 國家地區代碼：ISL
- 首都：レイキャビク
- 國旗
- 地區（按顏色標示）
  - アジア（亞洲）
  - 大洋州（大洋洲）
  - 北米（北美地區）
  - 中南米（中南美洲）
  - 欧州（歐洲）
  - 中東（中東地區）
  - アフリカ（非洲）

國名	代碼	國名	代碼	國名	代碼
アイスランド 冰島 / レイキャビク 雷克雅維克	ISL	アイルランド 愛爾蘭 / ダブリン 都柏林	IRL	アゼルバイジャン 亞塞拜然 / バクー 巴庫	AZE
アフガニスタン 阿富汗 / カブール 喀布爾	AFG	アメリカ合衆国 美國 / ワシントンD.C. 華盛頓哥倫比亞特區	USA	アラブ首長国連邦 阿拉伯聯合大公國 / アブダビ 阿布達比	ARE
アルジェリア 阿爾及利亞 / アルジェ 阿爾及爾	DZA	アルゼンチン 阿根廷 / ブエノスアイレス 布宜諾斯艾利斯	ARG	アルバニア 阿爾巴尼亞 / ティラナ 地拉那	ALB
アルメニア 亞美尼亞 / エレバン 葉里溫	ARM	アンゴラ 安哥拉 / ルアンダ 羅安達	AGO	アンティグア・バーブーダ 安地卡及巴布達 / セントジョンズ 聖約翰	ATG
アンドラ 安道爾 / アンドラ・ラ・ベリャ 老安道爾	AND	イエメン 葉門 / サヌア 沙那	YEM	イギリス 英國 / ロンドン 倫敦	GBR
イスラエル 以色列 / エルサレム※ 耶路撒冷	ISR	イタリア 義大利 / ローマ 羅馬	ITA	イラク 伊拉克 / バグダッド 巴格達	IRQ
イラン 伊朗 / テヘラン 德黑蘭	IRN	インド 印度 / ニューデリー 新德里	IND	インドネシア 印尼 / ジャカルタ 雅加達	IDN

※大多數國際社會並不承認耶城為首都。

全部都能記住的話，也許能更快消化新聞報導的資訊喔！
而且任何時候都能在腦海裡進行一場世界旅行。
靈感來源是機票。

重要性　★★★★★

地理

ウガンダ UGA 烏干達 **カンパラ** 康培拉	**ウクライナ** UKR 烏克蘭 **キーウ** 基輔	**ウズベキスタン** UZB 烏茲別克 **タシケント** 塔什干
ウルグアイ URY 烏拉圭 **モンテビデオ** 蒙特維多	**エクアドル** ECU 厄瓜多 **キト** 基多	**エジプト** EGY 埃及 **カイロ** 開羅
エストニア EST 愛沙尼亞 **タリン** 塔林	**エスワティニ** SWZ 史瓦帝尼 **ムババーネ** 姆巴巴內	**エチオピア** ETH 衣索比亞 **アディスアベバ** 阿迪斯阿貝巴
エリトリア ERI 厄利垂亞 **アスマラ** 阿斯瑪拉	**エルサルバドル** SLV 薩爾瓦多 **サンサルバドル** 聖薩爾瓦多	**オーストラリア** AUS 澳洲 **キャンベラ** 坎培拉
オーストリア AUT 奧地利 **ウィーン** 維也納	**オマーン** OMN 阿曼 **マスカット** 馬斯開特	**オランダ** NLD 荷蘭 **アムステルダム** 阿姆斯特丹
ガーナ GHA 迦納 **アクラ** 阿克拉	**カーボベルデ** CPV 維德角 **プライア** 普萊亞	**ガイアナ** GUY 蓋亞那 **ジョージタウン** 喬治城
カザフスタン KAZ 哈薩克 **アスタナ** 阿斯塔納	**カタール** QAT 卡達 **ドーハ** 杜哈	**カナダ** CAN 加拿大 **オタワ** 渥太華
ガボン GAB 加彭 **リーブルビル** 自由市	**カメルーン** CMR 喀麥隆 **ヤウンデ** 雅溫德	**韓国（大韓民国）** KOR 南韓（大韓民國） **ソウル** 首爾
ガンビア GMB 甘比亞 **バンジュール** 班竹	**カンボジア** KHM 柬埔寨 **プノンペン** 金邊	**北朝鮮**（朝鮮民主主義人民共和国） PRK 北韓（朝鮮民主主義人民共和國） **平壌** 平壤
北マケドニア MKD 北馬其頓 **スコピエ** 史高比耶	**ギニア** GIN 幾內亞 **コナクリ** 柯那克里	**ギニアビサウ** GNB 幾內亞比索 **ビサウ** 比索（也有音譯比紹）

145

キプロス 賽普勒斯 / **ニコシア** 尼柯西亞 — CYP	**キューバ** 古巴 / **ハバナ** 哈瓦那 — CUB	**ギリシャ** 希臘 / **アテネ** 雅典 — GRC
キリバス 吉里巴斯 / **タラワ** 塔拉瓦 — KIR	**キルギス** 吉爾吉斯 / **ビシュケク** 比斯凱克 — KGZ	**グアテマラ** 瓜地馬拉 / **グアテマラ市** 瓜地馬拉市 — GTM
クウェート 科威特 / **クウェート** 科威特市 — KWT	**クック諸島** 庫克群島 / **アバルア** 阿瓦盧阿 — COK	**グレナダ** 格瑞那達 / **セントジョージズ** 聖喬治 — GRD
クロアチア 克羅埃西亞 / **ザグレブ** 札格雷布 — HRV	**ケニア** 肯亞 / **ナイロビ** 奈洛比 — KEN	**コートジボワール** 象牙海岸 / **ヤムスクロ** 雅穆索戈 — CIV
コスタリカ 哥斯大黎加 / **サンホセ** 聖荷西 — CRI	**コソボ** 科索沃 / **プリシュティナ** 普里斯汀納 — KSV	**コモロ** 葛摩 / **モロニ** 莫洛尼 — COM
コロンビア 哥倫比亞 / **ボゴタ** 波哥大 — COL	**コンゴ共和国** 剛果 / **ブラザビル** 布拉薩 — COG	**コンゴ民主共和国** 剛果民主共和國（民主剛果）/ **キンシャサ** 金夏沙 — COD
サウジアラビア 沙烏地阿拉伯 / **リヤド** 利雅德 — SAU	**サモア** 薩摩亞 / **アピア** 阿庇亞 — WSM	**サントメ・プリンシペ** 聖多美普林西比 / **サントメ** 聖多美 — STP
ザンビア 尚比亞 / **ルサカ** 路沙卡 — ZMB	**サンマリノ** 聖馬利諾 / **サンマリノ** 聖馬利諾市 — SMR	**シエラレオネ** 獅子山共和國 / **フリータウン** 自由城 — SLE
ジブチ 吉布地 / **ジブチ** 吉布地市 — DJI	**ジャマイカ** 牙買加 / **キングストン** 京斯敦 — JAM	**ジョージア** 喬治亞 / **トビリシ** 提比里斯 — GEO
シリア 敘利亞 / **ダマスカス** 大馬士革 — SYR	**シンガポール** 新加坡 — SGP	**ジンバブエ** 辛巴威 / **ハラレ** 哈拉雷 — ZWE

146

● アジア(亞洲)　● 大洋州(大洋洲)　● 北米(北美地區)　● 中南米(中南美洲)　● 欧州(欧洲)　● 中東(中東地區)　● アフリカ(非洲)

スイス CHE 瑞士 **ベルン** 伯恩	**スウェーデン** SWE 瑞典 **ストックホルム** 斯德哥爾摩	**スーダン** SDN 蘇丹 **ハルツーム** 喀土穆
スペイン ESP 西班牙 **マドリード** 馬德里	**スリナム** SUR 蘇利南 **パラマリボ** 巴拉馬利波	**スリランカ** LKA 斯里蘭卡 **スリ・ジャヤワルダナプラ・コッテ** 斯里賈亞德納普拉科特 (1985年前首都爲可倫坡)
スロバキア SVK 斯洛伐克 **ブラチスラバ** 布拉提斯拉瓦	**スロベニア** SVN 斯洛維尼亞 **リュブリャナ** 盧比安納	**セーシェル** SYC 塞席爾 **ビクトリア** 維多利亞
赤道ギニア GNQ 赤道幾內亞 **マラボ** 馬拉博	**セネガル** SEN 塞內加爾 **ダカール** 達卡	**セルビア** SRB 塞爾維亞 **ベオグラード** 貝爾格勒
セントクリストファー・ネービス KNA 聖克里斯多福及尼維斯聯邦 **バセテール** 巴士底	**セントビンセント及びグレナディーン諸島** VCT 聖文森及格瑞那丁 **キングスタウン** 金石城	**セントルシア** LCA 聖露西亞 **カストリーズ** 卡斯翠
ソマリア SOM 索馬利亞 **モガディシュ** 摩加迪休	**ソロモン諸島** SLB 索羅門群島 **ホニアラ** 荷尼阿拉	**タイ** THA 泰國 **バンコク** 曼谷
タジキスタン TJK 塔吉克 **ドゥシャンベ** 杜尚貝	**タンザニア** TZA 坦尚尼亞 **ドドマ** 杜篤馬	**チェコ** CZE 捷克 **プラハ** 布拉格
チャド TCD 查德 **ウンジャメナ** 恩加美納	**中央アフリカ** CAF 中非共和國 **バンギ** 班基	**中国** (中華人民共和国) CHN 中國 (中華人民共和國) **北京** 北京
チュニジア TUN 突尼西亞 **チュニス** 突尼斯	**チリ** CHL 智利 **サンティアゴ** 聖地牙哥	**ツバル** TUV 吐瓦魯 **フナフティ** 富那富提
デンマーク DNK 丹麥 **コペンハーゲン** 哥本哈根	**トーゴ** TGO 多哥 **ロメ** 洛梅	**ドイツ** DEU 德國 **ベルリン** 柏林

147

国名	コード	国名	コード	国名	コード
ドミニカ共和国 多明尼加 サントドミンゴ 聖多明哥	DOM	ドミニカ国 多米尼克 ロゾー 羅梭	DMA	トリニダード・トバゴ 千里達及托巴哥共和國 ポート・オブ・ スペイン 西班牙港	TTO
トルクメニスタン 土庫曼 アシガバット 阿什哈巴特	TKM	トルコ 土耳其 アンカラ 安卡拉	TUR	トンガ 東加 ヌクアロファ 努瓜婁發	TON
ナイジェリア 奈及利亞 アブジャ 阿布加	NGA	ナウル 諾魯 ヤレン 雅連	NRU	ナミビア 納米比亞 ウィントフック 溫荷克	NAM
ニウエ 紐埃 アロフィ 阿洛非	NIU	ニカラグア 尼加拉瓜 マナグア 馬納瓜	NIC	ニジェール 尼日 ニアメ 尼阿美	NER
日本 日本 東京 東京 (憲法無指定,但國際社會普遍視之)	JPN	ニュージーランド 紐西蘭 ウェリントン 威靈頓	NZL	ネパール 尼泊爾 カトマンズ 加德滿都	NPL
ノルウェー 挪威 オスロ 奧斯陸	NOR	バーレーン 巴林 マナーマ 麥納瑪	BHR	ハイチ 海地 ポルトープランス 太子港	HTI
パキスタン 巴基斯坦 イスラマバード 伊斯蘭瑪巴德	PAK	バチカン市国 梵蒂岡(教廷)	VAT	パナマ 巴拿馬 パナマシティ 巴拿馬市	PAN
バヌアツ 萬那杜 ポートビラ 維拉港	VUT	バハマ 巴哈馬 ナッソー 拿索	BHS	パプアニューギニア 巴布亞紐幾內亞 ポートモレスビー 莫士比港	PNG
パラオ 帛琉 マルキョク 恩吉魯穆德	PLW	パラグアイ 巴拉圭 アスンシオン 亞松森	PRY	バルバドス 巴貝多 ブリッジタウン 橋鎮	BRB
ハンガリー 匈牙利 ブダペスト 布達佩斯	HUN	バングラデシュ 孟加拉 ダッカ 達卡	BGD	東ティモール 東帝汶 ディリ 帝利	TLS

148

● アジア（亞洲） ● 大洋州（大洋洲） ● 北米（北美地區） ● 中南米（中南美洲） ● 欧州（歐洲） ● 中東（中東地區） ● アフリカ（非洲）

フィジー 斐濟 スバ 蘇瓦	FJI	フィリピン 菲律賓 マニラ 馬尼拉	PHL	フィンランド 芬蘭 ヘルシンキ 赫爾辛基	FIN
ブータン 不丹 ティンプー 辛布	BTN	ブラジル 巴西 ブラジリア 巴西利亞	BRA	フランス 法國 パリ 巴黎	FRA
ブルガリア 保加利亞 ソフィア 索菲亞	BGR	ブルキナファソ 布吉納法索 ワガドゥグ 瓦加杜古	BFA	ブルネイ 汶萊 バンダルスリブガワン 斯里巴加灣	BRN
ブルンジ 蒲隆地 ブジュンブラ 吉特加	BDI	ベトナム 越南 ハノイ 河内	VNM	ベナン 貝南 ポルトノボ 新港	BEN
ベネズエラ 委內瑞拉 カラカス 卡拉卡斯	VEN	ベラルーシ 白俄羅斯 ミンスク 明斯克	BLR	ベリーズ 貝里斯 ベルモパン 貝爾墨潘	BLZ
ペルー 秘魯 リマ 利馬	PER	ベルギー 比利時 ブリュッセル 布魯塞爾	BEL	ポーランド 波蘭 ワルシャワ 華沙	POL
ボスニア・ヘルツェゴビナ 波士尼亞與赫塞哥維納 サラエボ 塞拉耶佛	BIH	ボツワナ 波札那 ハボローネ 嘉伯隆里	BWA	ボリビア 玻利維亞 ラパス 拉巴斯	BOL
ポルトガル 葡萄牙 リスボン 里斯本	PRT	ホンジュラス 宏都拉斯 テグシガルパ 德古西加巴	HND	マーシャル諸島 馬紹爾群島 マジュロ 馬久羅	MHL
マダガスカル 馬達加斯加 アンタナナリボ 安塔那那利弗	MDG	マラウイ 馬拉威 リロングウェ 里朗威	MWI	マリ 馬利 バマコ 巴馬科	MLI
マルタ 馬爾他 バレッタ 瓦勒他	MLT	マレーシア 馬來西亞 クアラルンプール 吉隆坡	MYS	ミクロネシア 密克羅尼西亞 パリキール 帕里基爾	FSM

● アジア（亞洲）　● 大洋州（大洋洲）　● 北米（北美地區）　● 中南米（中南美洲）　● 欧州（歐洲）　● 中東（中東地區）　● アフリカ（非洲）

国名	コード		国名	コード		国名	コード
南アフリカ 南非 / プレトリア 普利托利亞	ZAF		**南スーダン** 南蘇丹 / ジュバ 朱巴	SSD		**ミャンマー** 緬甸 / ネーピードー 奈比都	MMR
メキシコ 墨西哥 / メキシコシティ 墨西哥市	MEX		**モーリシャス** 模里西斯 / ポートルイス 路易士港	MUS		**モーリタニア** 茅利塔尼亞 / ヌアクショット 諾克少	MRT
モザンビーク 莫三比克 / マプト 馬布多	MOZ		**モナコ** 摩納哥 / モナコ 摩納哥	MCO		**モルディブ** 馬爾地夫 / マレ 馬列市	MDV
モルドバ 摩爾多瓦 / キシナウ 基希涅夫	MDA		**モロッコ** 摩洛哥 / ラバト 拉巴特	MAR		**モンゴル** 蒙古 / ウランバートル 烏蘭巴托	MNG
モンテネグロ 蒙特內哥羅 / ポドゴリツァ 波德里查	MNE		**ヨルダン** 約旦 / アンマン 安曼	JOR		**ラオス** 寮國 / ビエンチャン 永珍	LAO
ラトビア 拉脫維亞 / リガ 里加	LVA		**リトアニア** 立陶宛 / ビリニュス 維爾紐斯	LTU		**リビア** 利比亞 / トリポリ 的黎波里	LBY
リヒテンシュタイン 列支敦斯登 / ファドーツ 瓦都茲	LIE		**リベリア** 賴比瑞亞 / モンロビア 蒙羅維亞	LBR		**ルーマニア** 羅馬尼亞 / ブカレスト 布加勒斯特	ROU
ルクセンブルク 盧森堡 / ルクセンブルク 盧森堡市	LUX		**ルワンダ** 盧安達 / キガリ 吉佳利	RWA		**レソト** 賴索托 / マセル 馬賽魯	LSO
レバノン 黎巴嫩 / ベイルート 貝魯特	LBN		**ロシア** 俄羅斯 / モスクワ 莫斯科	RUS		**台湾** 中華民國（台灣）/ 台北 台北	TWN
パレスチナ 巴勒斯坦	PSE		**香港** 香港特別行政區 隸屬中國	HKG		**マカオ** 澳門特別行政區 隸屬中國	MAC

※北韓、台灣、巴勒斯坦未被日本政府承認爲國家，香港、澳門則爲中國特別行政區。

150

93 美國的50個州份

按照區域編排了美國的50個州份。
靈感來源是漢堡。

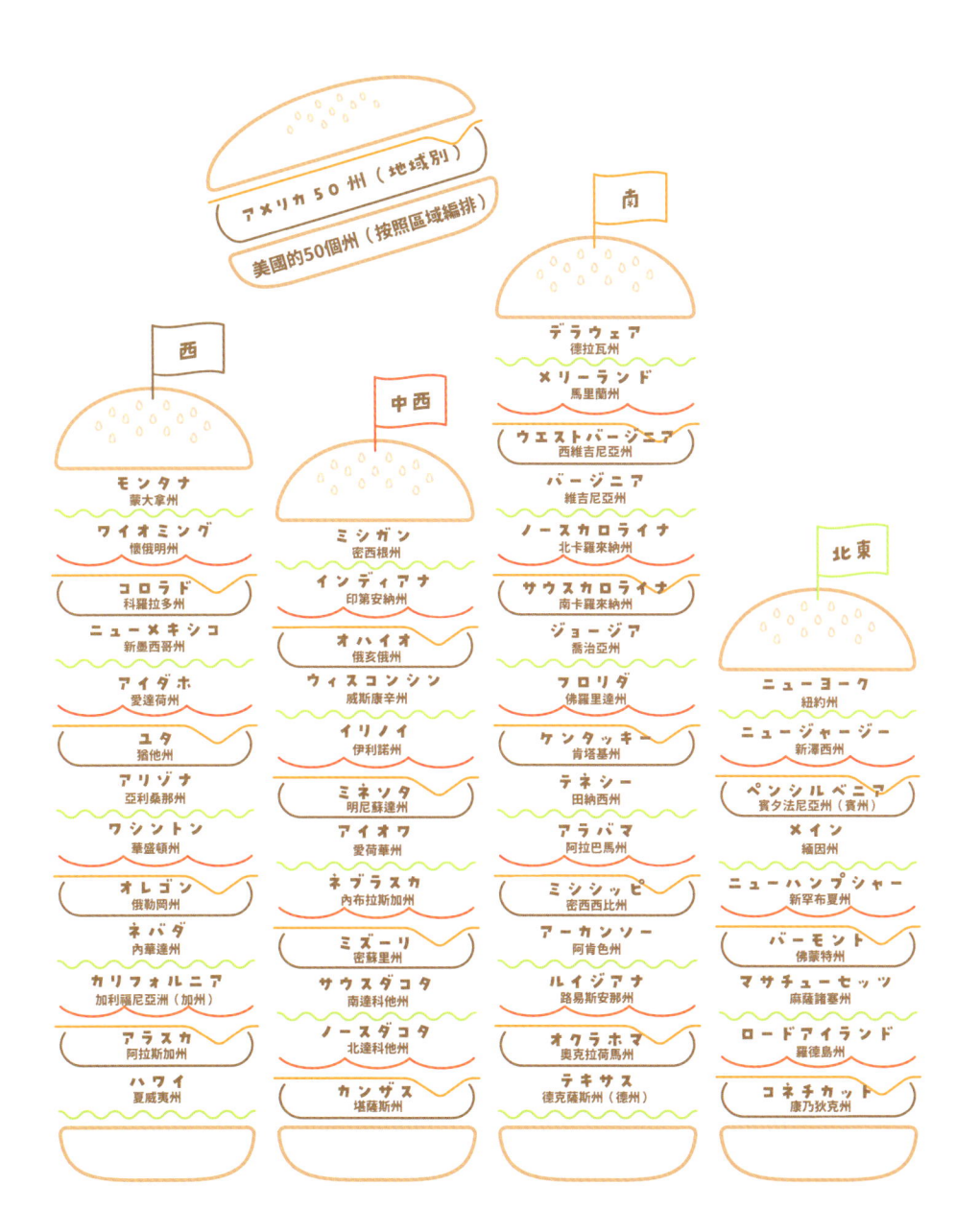

重要性 ★★★☆☆

地理

アメリカ 50 州（地域別）
美國的50個州（按照區域編排）

南

デラウェア 德拉瓦州
メリーランド 馬里蘭州
ウエストバージニア 西維吉尼亞州
バージニア 維吉尼亞州
ノースカロライナ 北卡羅來納州
サウスカロライナ 南卡羅來納州
ジョージア 喬治亞州
フロリダ 佛羅里達州
ケンタッキー 肯塔基州
テネシー 田納西州
アラバマ 阿拉巴馬州
ミシシッピ 密西西比州
アーカンソー 阿肯色州
ルイジアナ 路易斯安那州
オクラホマ 奧克拉荷馬州
テキサス 德克薩斯州（德州）

西

モンタナ 蒙大拿州
ワイオミング 懷俄明州
コロラド 科羅拉多州
ニューメキシコ 新墨西哥州
アイダホ 愛達荷州
ユタ 猶他州
アリゾナ 亞利桑那州
ワシントン 華盛頓州
オレゴン 俄勒岡州
ネバダ 內華達州
カリフォルニア 加利福尼亞洲（加州）
アラスカ 阿拉斯加州
ハワイ 夏威夷州

中西

ミシガン 密西根州
インディアナ 印第安納州
オハイオ 俄亥俄州
ウィスコンシン 威斯康辛州
イリノイ 伊利諾州
ミネソタ 明尼蘇達州
アイオワ 愛荷華州
ネブラスカ 內布拉斯加州
ミズーリ 密蘇里州
サウスダコタ 南達科他州
ノースダコタ 北達科他州
カンザス 堪薩斯州

北東

ニューヨーク 紐約州
ニュージャージー 新澤西州
ペンシルベニア 賓夕法尼亞州（賓州）
メイン 緬因州
ニューハンプシャー 新罕布夏州
バーモント 佛蒙特州
マサチューセッツ 麻薩諸塞州
ロードアイランド 羅德島州
コネチカット 康乃狄克州

151

94 世界上的各種前三名

重要性 ★★☆☆☆

地理

你說不定有聽過關於世界上什麼什麼的第一名，
但答不出第二、第三名的時候應該也不少。
能夠記住世界上的各種前三名的話，視野會更開闊喔！

世界上 面積最大的國家 Top3
1. ロシア（俄羅斯）
2. カナダ（加拿大）
3. アメリカ合衆国（美國）

世界上 面積最小的國家 Top3
1. バチカン（梵蒂岡）
2. モナコ（摩納哥）
3. ナウル（諾魯）

世界上 人口最多的國家 Top3
1. 中華人民共和国（中國）
2. インド（印度）
3. アメリカ合衆国（美國）

(2022)

世界上 人口最少的國家 Top3
1. バチカン（梵蒂岡）
2. ニウエ（紐埃）
3. ナウル（諾魯）

(2022)

世界上 標高最高的山 Top3

1. エベレスト（聖母峰）尼泊爾、中國
2. K2（喬戈里峰）巴基斯坦、中國
3. カンチェンジュンガ（干城章嘉峰）
   尼泊爾、印度

世界上 面積最大的島嶼 Top3

1. グリーンランド（格陵蘭島）
   丹麥底下的自治國家
2. ニューギニア島（新幾內亞島）
   印尼、巴布亞紐幾內亞
3. ボルネオ島／カリマンタン島（婆羅洲／加里曼丹島）
   印尼、汶萊、馬來西亞

世界上 最長的河流 Top3

1. ナイル川（尼羅河）
2. アマゾン川（亞馬遜河）
3. 長江

世界上 流域面積最大的河流 Top3

1. アマゾン川（亞馬遜河）
2. コンゴ川（剛果河）
3. ナイル川（尼羅河）

世界上 最大的湖泊 Top3

1. カスピ海（裏海）
   亞塞拜然、俄羅斯、哈薩克、土庫曼、伊朗
2. スペリオル湖（蘇必略湖）
   美國、加拿大
3. ビクトリア湖（維多利亞湖）
   肯亞、烏干達、坦尚尼亞

世界上 平均壽命最長的國家 Top3

1. 日本
2. スイス（瑞士）
3. 大韓民国（南韓）

(2019)

「面積、人口」出自日本總務省統計局「世界的統計2022」
「山脈、島嶼、河流、湖泊」出自日本國立天文台「理科年表2022」
「平均壽命」出自世界衛生組織（WHO）－Global Health Observatory－Life expectancy at birth
（資料於2022年5月下載）

95 世界的數字唸法

去海外旅遊時,數字應該是特別重要的資訊對吧?
這篇整理了比較常使用的五種語言中0到9的唸法。
靈感來源是小鴨。

重要性 ★★☆☆☆
地理

フランス(法國)

| ゼロ zéro | アン un | ドゥ deux | トロワ trois | カトル quatre |
| 0 | 1 | 2 | 3 | 4 |

| サンク cinq | スィス six | セット sept | ユイット huit | ヌフ neuf |
| 5 | 6 | 7 | 8 | 9 |

イタリア(義大利)

| ゼロ zero | ウーノ uno | ドゥーエ due | トレ tre | クワットロ quattro |
| 0 | 1 | 2 | 3 | 4 |

| チンクエ cinque | セーイ sei | セッテ sette | オット otto | ノーヴェ nove |
| 5 | 6 | 7 | 8 | 9 |

スペイン（西班牙）

0	1	2	3	4
ゼロ cero	ウノ uno	ドス dos	トゥレス tres	クアトゥロ cuatro

5	6	7	8	9
スィンコ cinco	セイス seis	スィエテ siete	オチョ ocho	ヌエベ nueve

ロシア（俄羅斯）

0	1	2	3	4
ノーリ ноль	アジーン один	ドヴァー два	トゥリー три	チトウィーリ четыре

5	6	7	8	9
ピャーチ пять	シェースチ шесть	スェーミ семь	ヴォースィミ восемь	ジェーヴィチ девять

かんこく（韓國）

0	1	2	3	4
ヨン 영	イル 일	イー 이	サム 삼	サ 사

5	6	7	8	9
オ 오	ユク 육	チル 칠	パル 팔	ク 구

96 世界三大〇〇

世界3大 瀑布
- イグアスの滝（伊瓜蘇瀑布）
- ナイアガラの滝（尼加拉瀑布）
- ヴィクトリアの滝（維多利亞瀑布）

世界3大 發明
- 火藥（火藥）
- 羅針盤（指南針）
- 活版印刷術（印刷術）

世界3大 珍獸
- オカピ（㺢㹢狓）
- コビトカバ（侏儒河馬）
- ジャイアントパンダ（大貓熊）

世界3大 料理
- 中華料理
- トルコ料理（土耳其料理）
- フランス料理（法國料理）

世界3大 珍饈
- トリュフ（松露）
- キャビア（魚子醬）
- フォアグラ（鵝肝）

世界3大 藍紋乳酪
- ゴルゴンゾーラ（拱左諾拉／Gorgonzola）
- スティルトン（史帝爾頓／Stilton）
- ロックフォール（洛克福／Roquefort）

世界3大 咖啡
- キリマンジャロ（吉力馬札羅）
- コナ（可娜）
- ブルーマウンテン（藍山）

世界3大 紅茶
- ウバ（烏瓦）
- キーマン（祁門）
- ダージリン（大吉嶺）

世界3大 貴腐酒產區
- ソーテルヌ（法國蘇玳）
- トカイ（匈牙利托卡伊）
- トロッケンベーレンアウスレーゼ（德國萊茵高）

156

世界三大料理除了「中華料理」和「法國料理」之外，你知道還有一個是什麼嗎？
本篇收集了各種能列入世界三大〇〇的主題。
這些所謂的世界三大〇〇基本上都是基於「一般而言」的認知，
由特定人士選出來，或者是獲得公認的資訊相對較少。
有些資訊則更偏向日本的獨有認知。

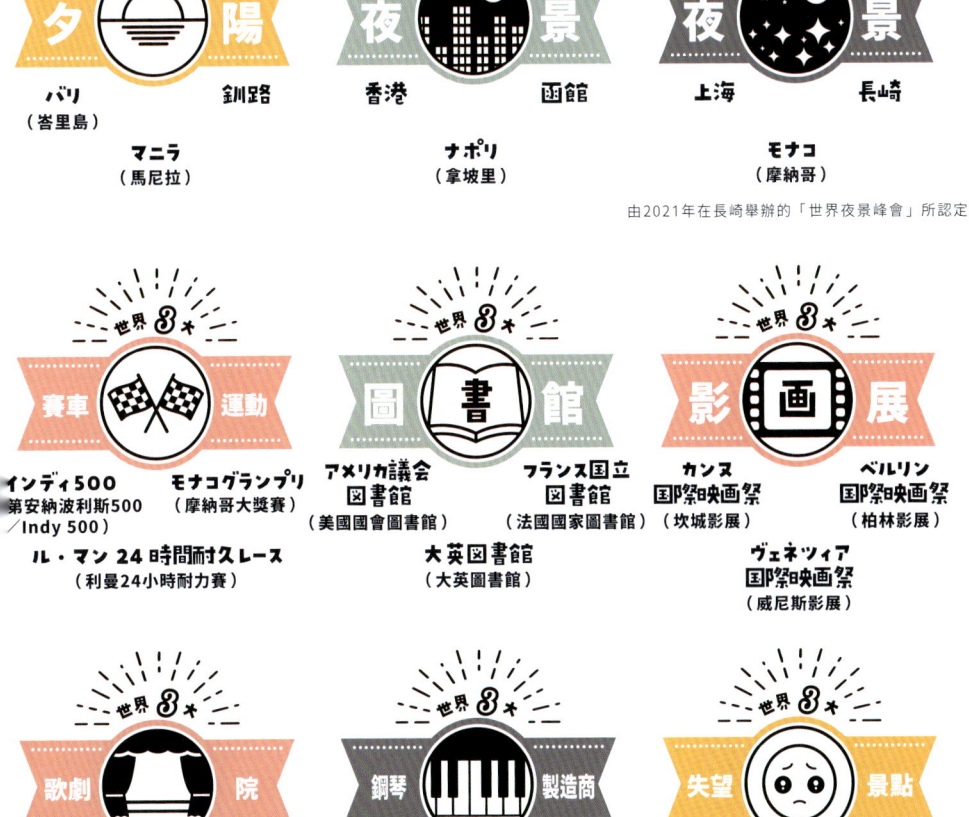

重要性　★★★☆☆

地理

世界3大 夕陽
バリ（峇里島）
釧路
マニラ（馬尼拉）

世界3大 夜景
香港
函館
ナポリ（拿坡里）

新世界3大 夜景
上海
長崎
モナコ（摩納哥）

由2021年在長崎舉辦的「世界夜景峰會」所認定

世界3大 賽車運動
インディ500（第安納波利斯500／Indy 500）
モナコグランプリ（摩納哥大獎賽）
ル・マン24時間耐久レース（利曼24小時耐力賽）

世界3大 圖書館
アメリカ議会図書館（美國國會圖書館）
フランス国立図書館（法國國家圖書館）
大英図書館（大英圖書館）

世界3大 影画展
カンヌ国際映画祭（坎城影展）
ベルリン国際映画祭（柏林影展）
ヴェネツィア国際映画祭（威尼斯影展）

世界3大 歌劇院
スカラ座（史卡拉歌劇院）
オペラ座（巴黎歌劇院）
コロン劇場（哥倫布劇院）

世界3大 鋼琴製造商
ベーゼンドルファー（貝森朵夫／Bosendorfer）
ベヒシュタイン（貝希斯坦／Bechstein）
スタインウェイ＆サンズ（史坦威／Steinway & Sons）

世界3大 失望景點
人魚姫（丹麥美人魚雕像）
マーライオン（新加坡魚尾獅）
小便小僧（比利時尿尿小童）

157

97 西洋美術史

重要性 ★★★☆☆

歷史

美術界隨著新技法出現和時代背景等因素，
流行趨勢也會隨之改變。本篇將概略說明美術史的變遷。
靈感來源是X（原本的推特）。

バロック 巴洛克 @ Baroque...　　　17世紀～18世紀

此時期的手法以動態感、強調對比為特色，以吸引觀賞者沉浸畫中。
比起寧靜調和的感覺，更著重戲劇性的構圖。

マニエリスム 矯飾主義 @ Mannerism...　　　16世紀

由寫實手法轉變成誇張的遠近構圖、不自然地拉長的人體比例。可以
說是更重視優美的風格和畫作的靈性。

北方ルネサンス 北方文藝復興 @ Northern Renaissance...　15～16世紀

義大利展開文藝復興運動的同時期，在歐洲北部幾座城市出現的畫家
及其風格。對於豐富油畫的材料和技法有相當的貢獻。

盛期ルネサンス 文藝復興全盛期 @ High Renaissance...　15～16世紀

此時期的特徵是對於人體、空間和情感的描繪。達到了畫作中寫實感
和理想的古典主義之間的平衡。羅馬和威尼斯為發展中心。

初期ルネサンス 早期文藝復興 @ Primitive Renaissance...　15世紀

以自然主義為本，開始能在畫作上看見對於遠近法的運用、人體結構
的掌握。以神話為題材的作品增加。

初期フランドル 早期尼德蘭繪畫 @ Flemish Primitives...　15～16世紀

起源於現今比利時附近的藝術流派。多樣的油畫技巧，巧妙的光影表現，
以及利用色彩及空氣透視手法，隨著風景畫的興起傳入義大利。

ゴシック 哥德式藝術 @ Gothic...　　　12～14世紀

「哥德式」一詞源自日耳曼民族的哥德人。最初僅用來指教堂的特定
建築形式，漸漸地才開始納入有關藝術方面的定義。

エコール・ド・パリ　巴黎畫派　　@ École de Paris...　　20世紀

1920年代左右在巴黎活動，統稱不屬於特定繪畫流派，且國籍、畫風多樣的畫家們。

抽象表現主義　抽象表現主義　　@ Abstract Expressionism...　　20世紀

以美國為中心興起的畫派。藝術家透過在巨幅的畫布上填滿顏色和線條來釋放情感。

キュビスム　立體主義　　@ Cubism...　　20世紀

為了摸索如何把立體感變成平面的畫作，嘗試在一幅畫中，由不同的角度極端地簡化或抽象化地描繪人事物。

象徵主義　象徵主義　　@ Symbolism...　　19〜20世紀

作為工業革命後對於現代化風氣的反動，重視視覺化肉眼不可見的人類的意念或情感，以及觀念等的手法。

印象派　印象派　　@ Impressionism...　　19世紀

不著重在正確地描繪出對象的種種細節，而是忠於呈現於眼前的印象。畫作上有如未完成的草稿般的筆觸是特色之一。

写實主義　寫實主義　　@ Realism...　　19世紀

反對學院藝術的價值觀。作品不過度美化或誇飾，而是忠於真實描繪事物。

ロマン主義　浪漫主義　　@ Romanticism...　　18〜19世紀

源自對中世紀文化的憧憬而生，提倡展現出個人的感性。風格上有重視鮮豔色彩、大膽的筆觸的傾向。

新古典主義　新古典主義　　@ Neoclassicism...　　18〜19世紀

由過分華麗的巴洛克和洛可可風格，回歸到古典主義形式的畫風。嚴謹平衡的構圖及細膩的描寫，展示出了徹底的寫實風格。

ロココ　洛可可　　@ Rococo...　　18世紀

盛行於法國，是手法細膩、優美且喜愛描繪花卉的畫風。其特徵是曲線的運用和略微過分華麗的表現。

98 七宗罪

重要性 ★★☆☆☆
歷史

天主教將惡的感情和慾望歸為所謂的「七宗罪」。
也被視為能致人於死地的罪惡的根源。靈感來源是軟糖。

99 基督教的派系

重要性 ★★★☆☆
歷史

基督教細分成多個不同的教派，
其中最有名的莫過於「天主教」和「基督新教」。
本篇整理了兩者的不同之處。

カトリック（天主教） | プロテスタント（基督新教）

項目	カトリック／プロテスタント
教會的樣貌	相對華麗／相對樸實
十字架上是否有耶穌	有／無
聖母瑪利亞	重視／不重視
神職人員的稱呼	神父、祭司／牧師
是否劃十字聖號	是／否
神職人員的性別限制	限男性／沒有限制性別
神職人員可否結婚	不可／可
告解室	有／無
修道院	有／無

161

100 戰國時代的年號

重要性 ★★☆☆☆
歷史

日本歷史中戰火連綿的亂世——戰國時代。
重要的事件按照年號編排的話會比較容易記住喔。
靈感來源是歌單。

PLAYLIST
戦国時代
せんごくじだい

1	応仁 -おうにん-（應仁）	後土御門天皇	14:67 - 14:69
2	文明 -ぶんめい-（文明）	後土御門天皇	14:69 - 14:87
3	長享 -ちょうきょう-（長享）	後土御門天皇	14:87 - 14:89
4	延徳 -えんとく-（延德）	後土御門天皇	14:89 - 14:92
5	明応 -めいおう-（明應）	後土御門天皇・後柏原天皇	14:92 - 15:01
6	文亀 -ぶんき-（文龜）	後柏原天皇	15:01 - 15:04
7	永正 -えいしょう-（永正）	後柏原天皇	15:04 - 15:21
8	大永 -たいえい-（大永）	後柏原天皇・後奈良天皇	15:21 - 15:28
9	享禄 -きょうろく-（享祿）	後奈良天皇	15:28 - 15:32
10	天文 -てんぶん-（天文）	後奈良天皇	15:32 - 15:55
11	弘治 -こうじ-（弘治）	後奈良天皇・正親町天皇	15:55 - 15:58
12	永禄 -えいろく-（永祿）	正親町天皇	15:58 - 15:70

101　德川15代將軍

重要性　★★★★☆

歷史

有興趣的偶像團體可以快速記住，但德川家的將軍卻難以說出名號。
一起試試看能否以有趣輕鬆的方式，連同各將軍的特色都記下來？
靈感來源是自動販賣機。

將軍	年份	事件
家康（青汁）	¥1600	關原之戰
秀忠	¥1615	武家諸法度
家光（IEMITSU 第三代將軍）	¥1637	島原之亂
家綱（第四代）	¥1651	由井正雪之亂
綱吉（ツナヨン）	¥1685	生物憐憫令
IENOBU TOKUGAWA 家宣	¥1709〜	新井白石的正德之治
德川いえつぐ（德川家繼 第七代）	¥〜1716	
吉宗（Yoshi Mune）	¥1716	享保改革
九代 家重	¥1758	寶曆事件
家治 いえはる（加贈：老中田沼意次 一枚！）	¥1782	天明大饑荒
イエナリ 第11代將軍 家齊（加贈：老中松平定信 一枚！）	¥1837	大鹽平八郎之亂
家慶（加贈：老中水野忠邦 一枚！）	¥1853	黑船事件
家定（12代將軍 TOKUGAWA）	¥1858	美日修好通商條約
家茂（TOKUGAWA IEMOCHI 德川家茂 第14代將軍）	¥1858	安政大獄
慶喜（Yoshinobu）	¥1867	大政奉還

163

102 日本近代年號

把明治到令和之間的年號，加上時代背景的照片結合而成。
靈感來源是手機上的音樂播放畫面。

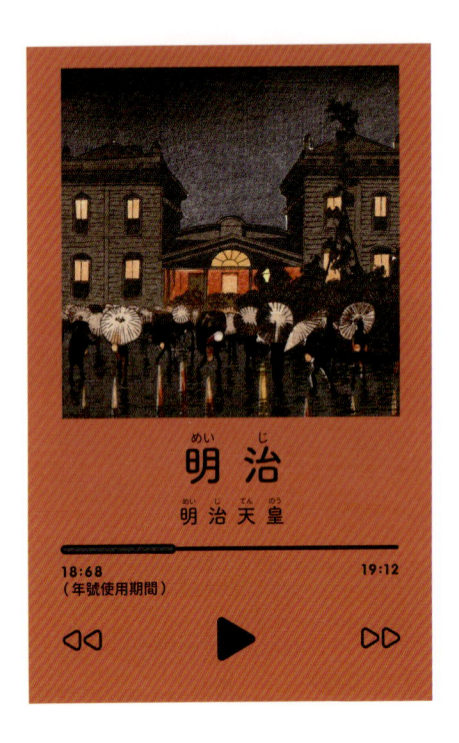

重要性 ★★★★☆
歷史

昭和
しょう わ

昭和天皇
しょう わ てん のう

19:26
（年號使用期間）　　　　19:89

平成
へい せい

明仁（上皇）
あき ひと　　じょう こう

19:89
（年號使用期間）　　　　20:19

令和
れい わ

徳仁（今上天皇）
なる ひと　せん じょう てん のう

20:19
（年號使用期間）　　　　-- : --

165

103　九字護身法

重要性	★☆☆☆☆
傳統	

經常在忍者們使用時介紹到的九字護身法，是一邊吟唱九個字，一邊用兩手比劃結印。只要施展這個護身法，不管多可怕的敵人都不用怕？

104 有角的動物

重要性 ★★☆☆☆
理科

這篇收集了長著很酷的角的哺乳類動物。
靈感來源是武將頭盔。

駝鹿 ヘラジカ（鹿科駝鹿屬）	捻角山羊 マーコール（牛科山羊屬）	高鼻羚羊 サイガ（牛科高鼻羚羊屬）
努比亞山羊 ヌビアアイベックス（牛科山羊屬）	岩羊 バーラル（牛科岩羊屬）	弓角羚羊 アダックス（牛科旋角羚羊屬）
摩弗倫羊 ムフロン（牛科羊屬）	印度黑羚 ブラックバック（牛科真羚屬）	彎角劍羚 シロオリックス（牛科長角羚屬）
印度野牛 ガウル（牛科牛屬）	加拿大馬鹿 ワピチ（鹿科鹿屬）	斑紋牛羚 オグロヌー（牛科牛羚屬）

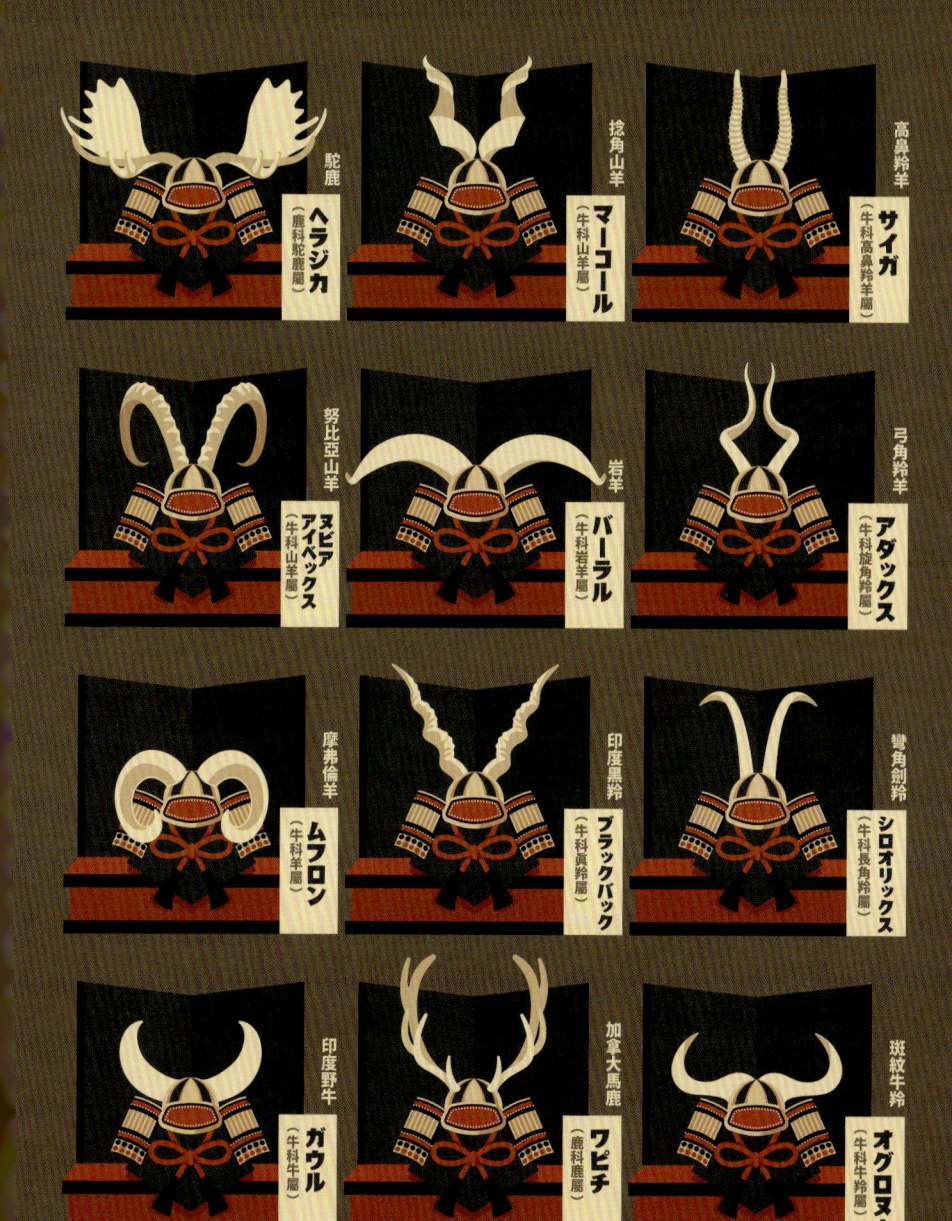

167

105 器官的位置及功能

重要性 ★★★★☆
理科

總覺得這邊有點不太舒服，但這個地方是什麼部位啊……
為了這種情況，好好了解一下自己的身體吧。
靈感來源是絲卡將（刺繡夾克）和名片。

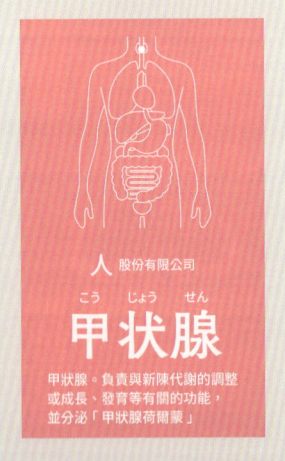

Organs

- 肺（はい）
- 肺（はい）
- 心臟（しんぞう）
- 肝臟（かんぞう）
- 胃（い）
- 脾臟（ひぞう）
- 腎臟（じんぞう）
- 膽囊（たんのう）
- 腎臟（じんぞう）
- 胰臟（すいぞう）
- 大腸（だいちょう）
- 小腸（しょうちょう）
- 膀胱（ぼうこう）

人 股份有限公司

こう じょう せん
甲狀腺

甲狀腺。負責與新陳代謝的調整或成長、發育等有關的功能，並分泌「甲狀腺荷爾蒙」。

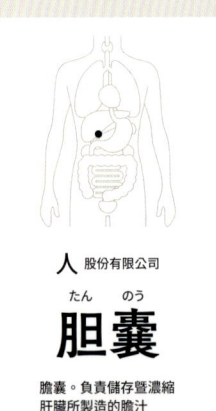

人 股份有限公司

たん のう
膽囊

膽囊。負責儲存暨濃縮肝臟所製造的膽汁。

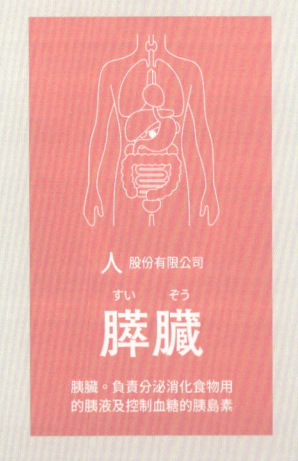

人 股份有限公司

すい ぞう
胰臟

胰臟。負責分泌消化食物用的胰液及控制血糖的胰島素。

168

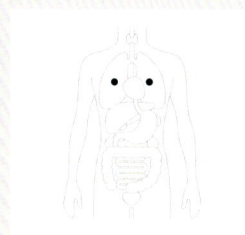

人 股份有限公司
はい
肺
負責用呼吸所吸取的氧氣，
來和血液中的二氧化碳進行氣體交換

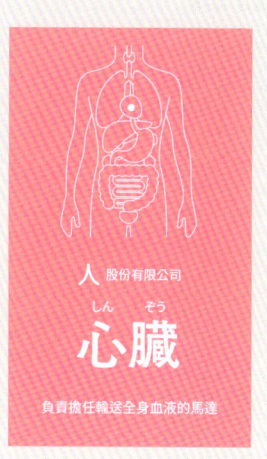

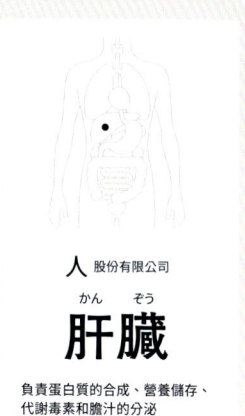

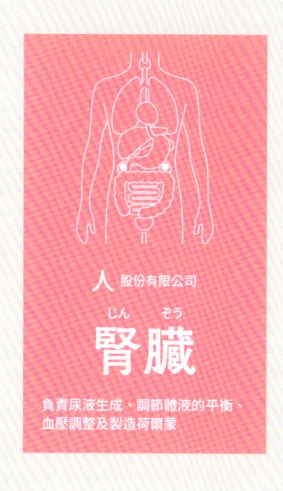

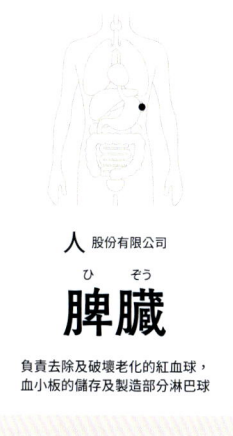

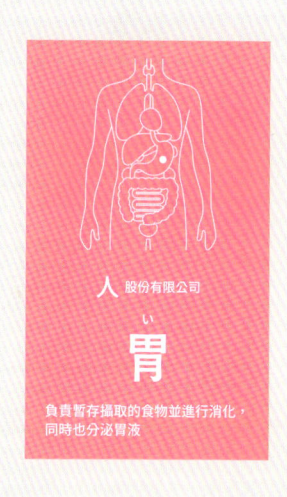

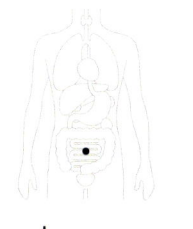

人 股份有限公司
しん ぞう
心臟
負責擔任輸送全身血液的馬達

人 股份有限公司
かん ぞう
肝臟
負責蛋白質的合成、營養儲存、
代謝毒素和膽汁的分泌

人 股份有限公司
じん ぞう
腎臟
負責尿液生成、調節體液的平衡、
血壓調整及製造荷爾蒙

人 股份有限公司
ひ ぞう
脾臟
負責去除及破壞老化的紅血球，
血小板的儲存及製造部分淋巴球

人 股份有限公司
い
胃
負責暫存攝取的食物並進行消化，
同時也分泌胃液

人 股份有限公司
しょう ちょう
小腸
負責更進一步分解在胃和十二指腸
消化的食物，並吸收養分

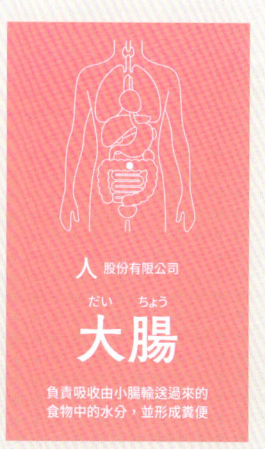

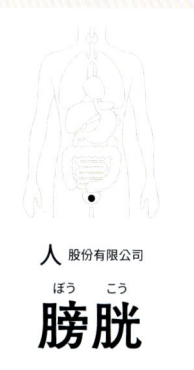

人 股份有限公司
だい ちょう
大腸
負責吸收由小腸輸送過來的
食物中的水分，並形成糞便

人 股份有限公司
ぼう こう
膀胱
負責儲尿及排尿

106 元素週期表

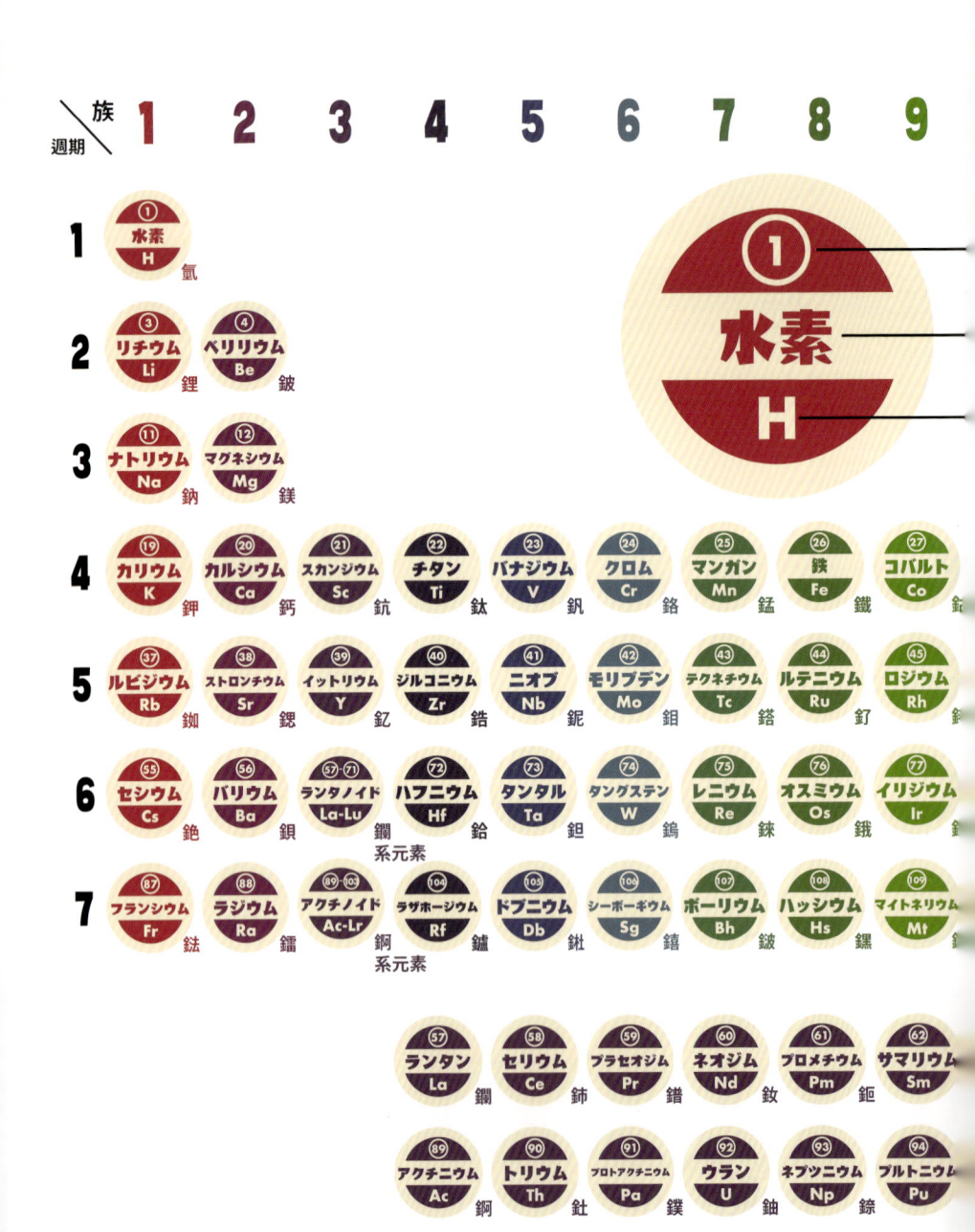

週期\族	1	2	3	4	5	6	7	8	9
1	① 水素 H 氫								
2	③ リチウム Li 鋰	④ ベリリウム Be 鈹							
3	⑪ ナトリウム Na 鈉	⑫ マグネシウム Mg 鎂							
4	⑲ カリウム K 鉀	⑳ カルシウム Ca 鈣	㉑ スカンジウム Sc 鈧	㉒ チタン Ti 鈦	㉓ バナジウム V 釩	㉔ クロム Cr 鉻	㉕ マンガン Mn 錳	㉖ 鉄 Fe 鐵	㉗ コバルト Co 鈷
5	㊲ ルビジウム Rb 銣	㊳ ストロンチウム Sr 鍶	㊴ イットリウム Y 釔	㊵ ジルコニウム Zr 鋯	㊶ ニオブ Nb 鈮	㊷ モリブデン Mo 鉬	㊸ テクネチウム Tc 鎝	㊹ ルテニウム Ru 釕	㊺ ロジウム Rh 銠
6	㊽ セシウム Cs 銫	㊾ バリウム Ba 鋇	(57-71) ランタノイド La-Lu 鑭系元素	㊼ ハフニウム Hf 鉿	㊽ タンタル Ta 鉭	㊾ タングステン W 鎢	㊿ レニウム Re 錸	㊶ オスミウム Os 鋨	㊷ イリジウム Ir 銥
7	㊻ フランシウム Fr 鍅	㊼ ラジウム Ra 鐳	(89-103) アクチノイド Ac-Lr 錒系元素	⑩④ ラザホージウム Rf 鑪	⑩⑤ ドブニウム Db 𨧀	⑩⑥ シーボーギウム Sg 𨭎	⑩⑦ ボーリウム Bh 𨨏	⑩⑧ ハッシウム Hs 𨭆	⑩⑨ マイトネリウム Mt 䥑

㊼ ランタン La 鑭	㊽ セリウム Ce 鈰	㊾ プラセオジム Pr 鐠	⑥⓪ ネオジム Nd 釹	⑥① プロメチウム Pm 鉕	⑥② サマリウム Sm 釤

㊽ アクチニウム Ac 錒	⑨⓪ トリウム Th 釷	⑨① プロトアクチニウム Pa 鏷	⑨② ウラン U 鈾	⑨③ ネプツニウム Np 錼	⑨④ プルトニウム Pu 鈽

118個元素的情報都濃縮在這裡！
靈感來源是玻璃瓶牛奶的瓶蓋。

重要性 ★★★★☆

理科

10
11
12
13
14
15
16
17
18
原子序
元素名稱
元素符號
2 ヘリウム He 氦
5 ホウ素 B 硼
6 炭素 C 碳
7 窒素 N 氮
8 酸素 O 氧
9 フッ素 F 氟
10 ネオン Ne 氖
13 アルミニウム Al 鋁
14 ケイ素 Si 矽
15 リン P 磷
16 硫黄 S 硫
17 塩素 Cl 氯
18 アルゴン Ar 氬
28 ニッケル Ni 鎳
29 銅 Cu 銅
30 亜鉛 Zn 鋅
31 ガリウム Ga 鎵
32 ゲルマニウム Ge 鍺
33 ヒ素 As 砷
34 セレン Se 硒
35 臭素 Br 溴
36 クリプトン Kr 氪
46 パラジウム Pd 鈀
47 銀 Ag 銀
48 カドミウム Cd 鎘
49 インジウム In 銦
50 スズ Sn 錫
(51) アンチモン Sb 銻
(52) テルル Te 碲
(53) ヨウ素 I 碘
(54) キセノン Xe 氙
(78) 白金 Pt 鉑
(79) 金 Au 金
(80) 水銀 Hg 汞
(81) タリウム Tl 鉈
(82) 鉛 Pb 鉛
(83) ビスマス Bi 鉍
(84) ポロニウム Po 釙
(85) アスタチン At 砈
(86) ラドン Rn 氡
(110) ダームスタチウム Ds 鐽
(111) レントゲニウム Rg 錀
(112) コペルニシウム Cn 鎶
(113) ニホニウム Nh 鉨
(114) フレロビウム Fl 鈇
(115) モスコビウム Mc 鏌
(116) リバモリウム Lv 鉝
(117) テネシン Ts 鿬
(118) オガネソン Og 鿫
(63) ユウロピウム Eu 銪
(64) ガドリニウム Gd 釓
(65) テルビウム Tb 鋱
(66) ジスプロシウム Dy 鏑
(67) ホルミウム Ho 鈥
(68) エルビウム Er 鉺
(69) ツリウム Tm 銩
(70) イッテルビウム Yb 鐿
(71) ルテチウム Lu 鎦
(95) アメリシウム Am 鋂
(96) キュリウム Cm 鋦
(97) バークリウム Bk 鉳
(98) カリホルニウム Cf 鉲
(99) アインスタイニウム Es 鑀
(100) フェルミウム Fm 鐨
(101) メンデレビウム Md 鍆
(102) ノーベリウム No 鍩
(103) ローレンシウム Lr 鐒

107 化學元素的族

元素週期表中的直列是把性質相似的元素排在一起的喔。
靈感來源是演唱會紀念T恤。

重要性　★★☆☆☆

理科

ハロゲン
GROUP 17 ELEMENTS
鹵素

009. (F)
FLUORINE
フッ素
氟

017. (Cl)
CHLORINE
塩素
氯

035. (Br)
BROMINE
臭素
溴

053. (I)
IODINE
ヨウ素
碘

085. (At)
ASTATINE
アスタチン
砈

117. (Ts)
TENNESSINE
テネシン
鿬

貴ガス
Noble gas
惰性氣體

002 / He　*Helium*　氦
010 / Ne　*Neon*　氖
018 / Ar　*Argon*　氬
036 / Kr　*Krypton*　氪
054 / Xe　*Xenon*　氙
086 / Rn　*Radon*　氡
118 / Og　*Oganesson*　鿫

108 離子化傾向

重要性 ★★★★☆

理科

在化學課中會學到的離子化傾向。
一起搭配美美的漸層圖表復習一下吧。

*註：此為日文的背誦口訣。

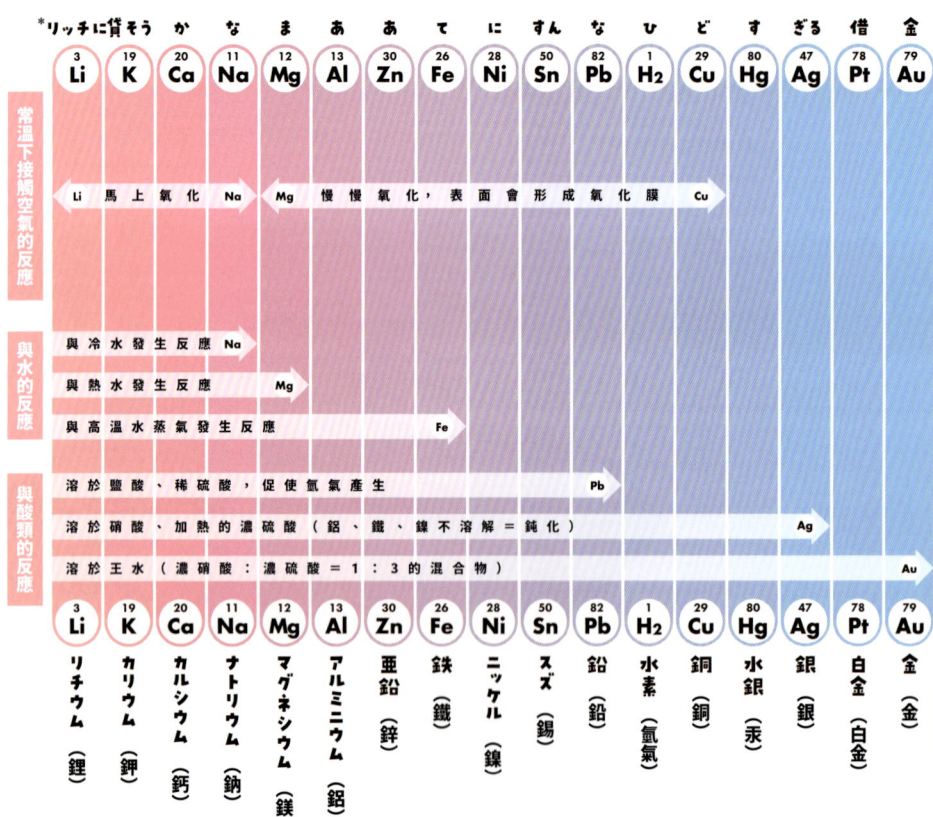

*リッチに貸そう　か　な　ま　あ　あ　て　に　すん　な　ひ　ど　す　ぎる　借　金

Li	K	Ca	Na	Mg	Al	Zn	Fe	Ni	Sn	Pb	H₂	Cu	Hg	Ag	Pt	Au
3	19	20	11	12	13	30	26	28	50	82	1	29	80	47	78	79

常溫下接觸空氣的反應
- Li 馬上氧化 Na
- Mg 慢慢氧化，表面會形成氧化膜 Cu

與水的反應
- 與冷水發生反應 Na
- 與熱水發生反應 Mg
- 與高溫水蒸氣發生反應 Fe

與酸類的反應
- 溶於鹽酸、稀硫酸，促使氫氣產生 Pb
- 溶於硝酸、加熱的濃硫酸（鋁、鐵、鎳不溶解＝鈍化） Ag
- 溶於王水（濃硝酸：濃硫酸＝1：3 的混合物） Au

Li	K	Ca	Na	Mg	Al	Zn	Fe	Ni	Sn	Pb	H₂	Cu	Hg	Ag	Pt	Au
3	19	20	11	12	13	30	26	28	50	82	1	29	80	47	78	79
リチウム（鋰）	カリウム（鉀）	カルシウム（鈣）	ナトリウム（鈉）	マグネシウム（鎂）	アルミニウム（鋁）	亜鉛（鋅）	鉄（鐵）	ニッケル（鎳）	スズ（錫）	鉛（鉛）	水素（氫氣）	銅（銅）	水銀（汞）	銀（銀）	白金（白金）	金（金）

109 焰色反應

重要性 ★★★☆☆

理科

應該有許多人在學校時有做過這個實驗。
元素燃燒後會產生什麼顏色的火焰,你還記得嗎?
靈感來源是手燈。

110 雲的種類

Sea　Earth　River　**Sky**　Space　Forest　Lake

らん そう うん
乱層雲
（雨雲）
（雨層雲）

そう せき うん
層積雲
（くもり雲）

そう うん
層雲
（きり雲）

せき うん
積雲
（わた雲）

せき らん うん
積乱雲
（雷雲、入道雲）
（積雨雲）

抬頭仰望天空會發現有各式各樣形狀的雲朵。
或許你曾經因為相似的名稱而感到有點困惑，
不過如果細細品味每個名稱的意涵，一定可以輕鬆記住。
靈感來源是照相APP的濾鏡。

重要性　★★★☆☆

理科

Sky

けん うん	けんせき うん	けん そう うん	こう せき うん	こう そう うん
卷雲	卷積雲	卷層雲	高積雲	高層雲
（すじ雲）	（うろこ雲、さば雲、いわし雲）	（うす雲）	（ひつじ雲）	（おぼろ雲）

111 雪花結晶的形狀

重要性 ★★★☆☆

理科

在寒冷的天空中飛舞的美麗雪花結晶，
據說目前已經有121種不同的形態。
本篇挑選了幾種來展現。
靈感來源是聖誕樹。

- 樹枝付角板 (じゅしつきかくばん)
- 角柱 (かくちゅう)
- 角板付樹枝 (かくばんつきじゅし)
- 角板 (ろっかくばん)
- 広幅六花 (ひろはばろっか)
- 角板付六花 (かくばんつきろっか)
- 角錐 (かくすい)
- 扇付角板 (おうぎつきかくばん)
- 扇付六花 (おうぎつきろっか)
- 砲弾 (ほうだん)
- 扇付樹枝 (おうぎつきじゅし)
- 樹枝六花 (じゅしろっか)
- 枝付角板 (えだつきかくばん)
- 扇六花 (おうぎろっか)

112　太陽系的行星

我們所居住的地球是太陽系的行星之一。
乾脆將其他行星和地球的相對大小，也一起記起來吧！

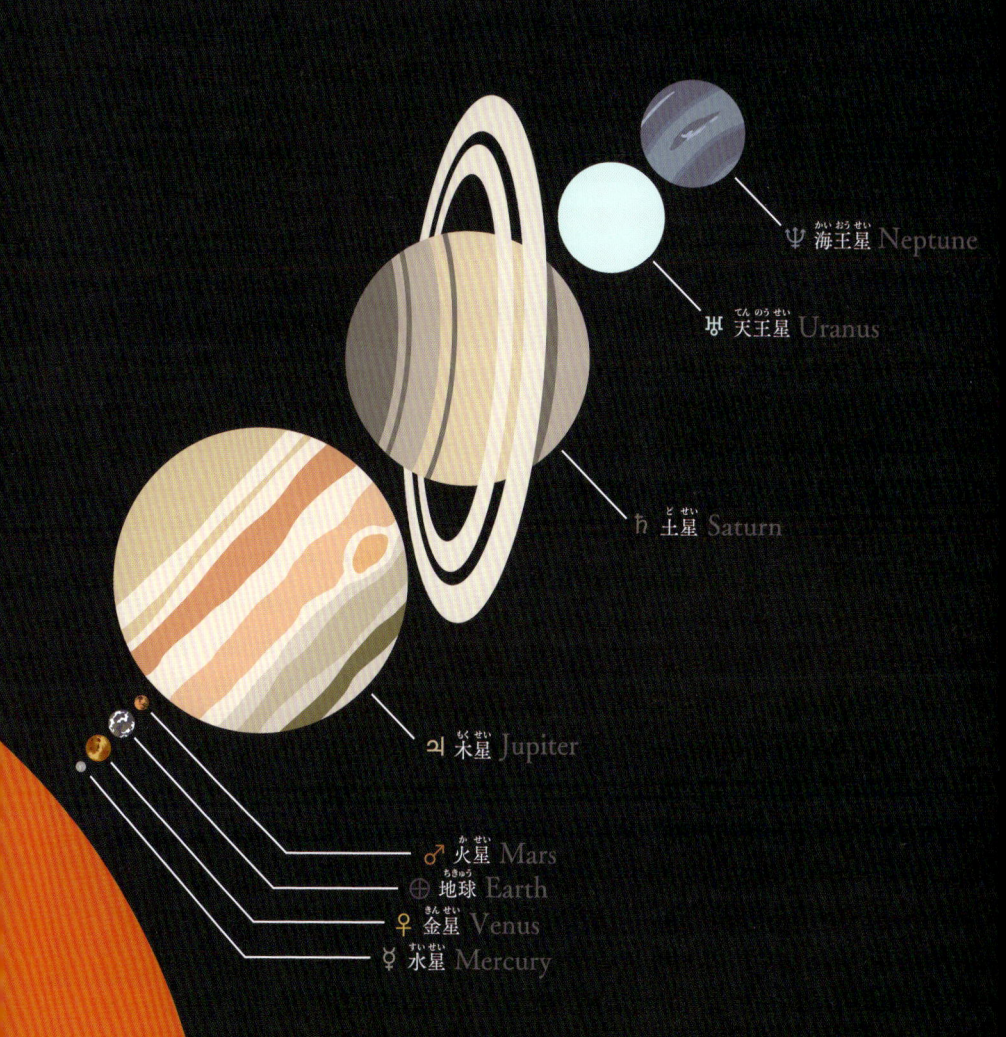

♆ 海王星 Neptune
♅ 天王星 Uranus
♄ 土星 Saturn
♃ 木星 Jupiter
♂ 火星 Mars
⊕ 地球 Earth
♀ 金星 Venus
☿ 水星 Mercury

179

113　效應和現象

重要性　★★★☆☆
理科

每次都覺得占卜的結果超級準，而越被禁止的事情就越想做……
有沒有想過這些出現在生活中的現象說不定有個名稱喔。靈感來源是美食雜誌。

禁止完食！中途就送客回家的餐廳
蔡加尼克

ツァイガルニク効果
蔡加尼克效應

相較於已經達成的事情，人們更容易記住未完成或是被打斷的事物。也稱為蔡氏效應。

受到期待的話，老闆的功力會更上層樓
畢馬龍喫茶店

ピグマリオン効果
畢馬龍效應

教育心理學中主張心理會影響實際表現的研究之一，指學生的成績會隨著老師的高期望而變好。另外，因老師沒有抱以期望，導致學生成績下降，稱格蘭效應（Golem Effect）。

這個是藥喔
和式茶屋・偽藥

プラシーボ効果
安慰劑效應

儘管提供的是假處方，但只要對象相信其為真藥，就可以觀察到症狀有改善（例如：營造一般的糖果具有解酒的效果，再讓對方舔了一口後，就可以減緩宿醉感）。

～生活中常出現的！～
效應、現象的店

獻給感到疲憊時就想來點甜食的你
甜點屋・巴納姆

バーナム効果
巴納姆效應

在做性格測驗、星座占卜或閱讀此類文章時，人們往往會相信一些其實非常曖昧模糊——適用於大多數人，但卻覺得貼合自己，或是符合有歸屬感的特定群體的心理現象。

僅開放給俱樂部會員
Bar 回聲室

エコーチェンバー現象
回聲室效應

比喻當身處封閉的空間之下，且不斷重複討論同一個想法時，會使得特定信仰或觀念被放大、強化。也稱為同溫層效應。

絕對不可入內
隱家咖啡 卡里古拉

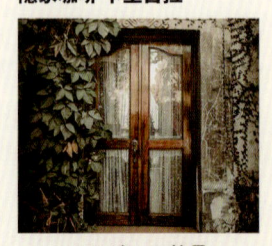

カリギュラ効果
卡里古拉效應

一旦被禁止某種行為，反而會更激起人們想要去嘗試的心理現象。例如「這一篇你們不許看」這種禁止閱覽的命令，反而會讓人更加心癢難耐。

114　視覺錯覺

重要性 ★★★☆☆
理科

也許有很多曾經在美術相關的課程上學過這些，而覺得有印象的人。
明明知道是同樣的東西，卻覺得看起來不太一樣……
靈感來源是霓虹燈。

龐ポンゾ錯覺
PONZO *illusion*

赫ヘルム霍茲ツ錯覺

左式錯覺
ツェルナー錯視
Zöllner ILLUSION

Müller-Lyer ILLUSION
ミュラー・リヤー錯視
繆式錯覺

德勃夫錯覺
デルブーフ錯視
DELBOEUF *illusion*

Fick ILLUSION
フィック錯視
菲克錯覺

賈斯特羅錯覺
ジャストロー錯視
JASTROW *illusion*

115 圓周率（到小數點後第100位）

重要性 ★☆☆☆☆
數學

想要展現記憶力的最佳選項，應該就是默背「圓周率」吧。
要能背到第100位可能有點難，但如果搭配可愛的貓咪的話或許能做到？
從3.1415……的「14」開始透過貓咪們的尾巴來表示。

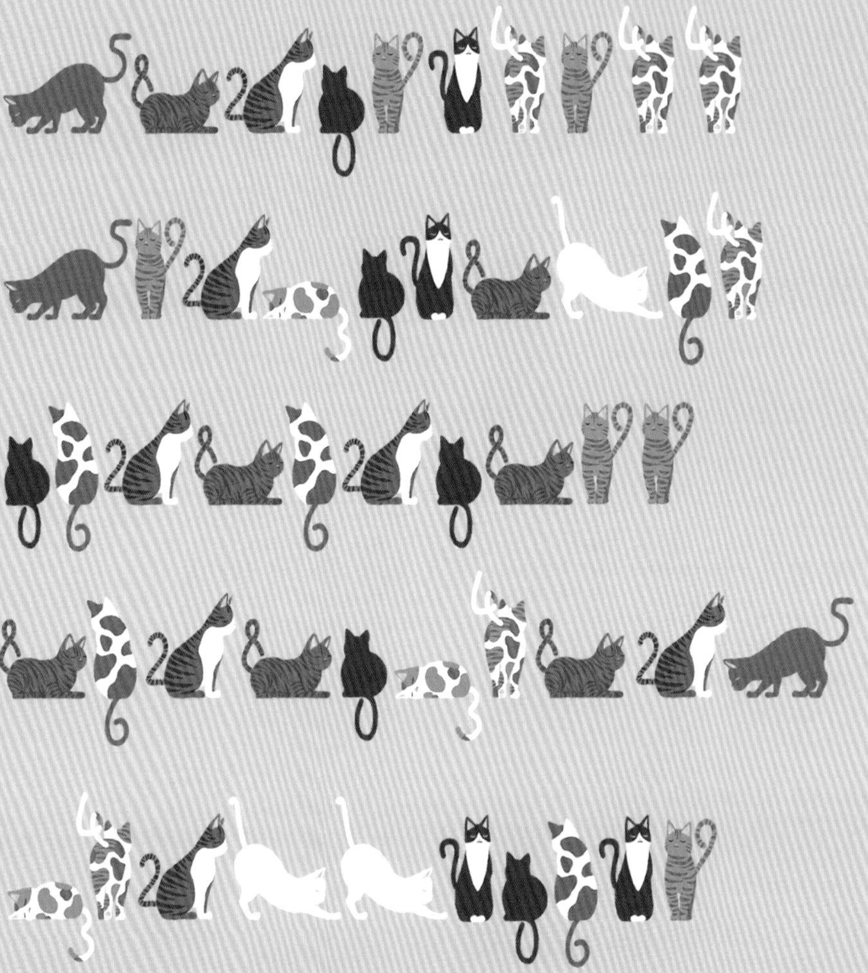

116　圖表的種類

重要性 ★★★☆☆
數學

在學校或是工作上，使用圖表可以簡潔明瞭的呈現資訊。
但如果用錯圖表，資料反而變得更難懂了。
只要善加利用各圖表的特性，資料一定會變得淺顯易懂喔！

棒グラフ　直條圖
可用於比較 **數量** 時

積み上げグラフ　堆疊直條圖
表示 **數量** 跟 **比例**

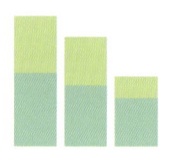

帶グラフ　長條圖
表示數據的 **構成比例**

折れ線グラフ　折線圖
表示數據隨時間的 **變化**

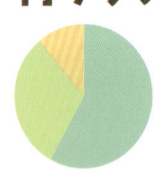

円グラフ　圓形圖
表示一個總量中各項目的 **佔比**

散布図　散佈圖
表示兩個數據間的 **相關性**

レーダーチャート　雷達圖
分析數據的 **整體平衡**

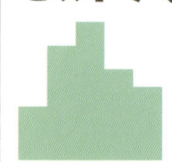

ヒストグラム　直方圖
透過長條圖示來表示數據的 **分佈情形**

117 數學裡的曲線圖

重要性 ★★☆☆☆

數學

美麗的曲線是由美麗的方程式所畫出來。
你最喜歡哪一個曲線圖呢？

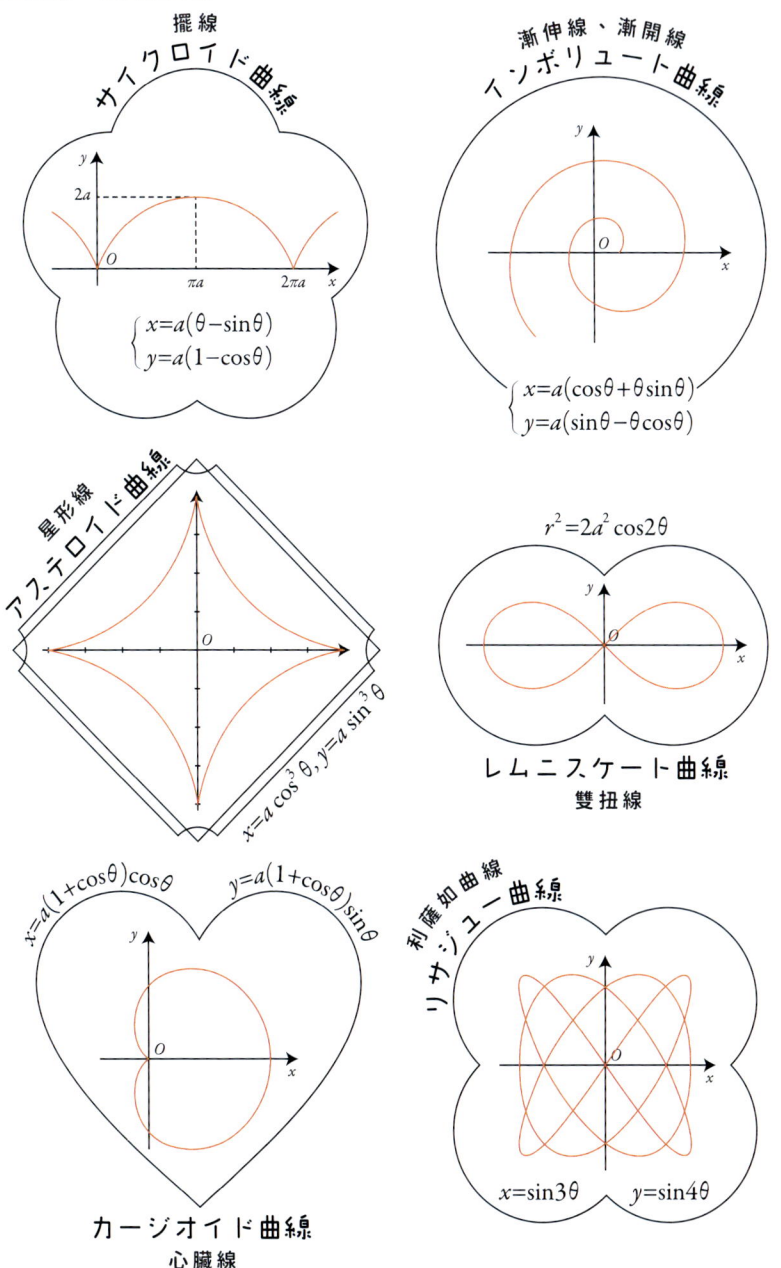

擺線
サイクロイド曲線

$$\begin{cases} x=a(\theta-\sin\theta) \\ y=a(1-\cos\theta) \end{cases}$$

漸伸線、漸開線
インボリュート曲線

$$\begin{cases} x=a(\cos\theta+\theta\sin\theta) \\ y=a(\sin\theta-\theta\cos\theta) \end{cases}$$

星形線
アステロイド曲線

$x=a\cos^3\theta, y=a\sin^3\theta$

$r^2=2a^2\cos2\theta$

レムニスケート曲線
雙扭線

$x=a(1+\cos\theta)\cos\theta$
$y=a(1+\cos\theta)\sin\theta$

カージオイド曲線
心臟線

利薩如曲線
リサジュー曲線

$x=\sin3\theta$ $y=\sin4\theta$

※所舉例子為利薩如曲線圖形中的其一。

118 質數的種類

質數，又稱素數，指得是除了「1」和該數自身以外，無法被其他自然數整除的數字。
以下是被指出可以有無限多個的質數中的一部分。

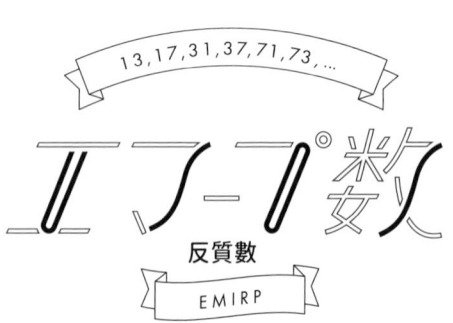

重要性 ★★☆☆☆
數學

3, 7, 31, 127, 8191, …
梅森質數
MERSENNE PRIME

2, 3, 5, 7, 11, 101, 131, 151, …
迴文質數
PALINDROMIC PRIME

3, 5, 17, 257, 65537, …
費馬質數
FERMAT PRIME

13, 17, 31, 37, 71, 73, …
反質數
EMIRP

3,5,11,17,31,41,... **スーパー素数** SUPER PRIME 超質數	 11,111111111111111111,... **レピュニット素数** REPUNIT PRIME 純元素數
 TWIN PRIME **双子 素数** (3,5),(5,7),(11,13),... 孿生質數	(5,11),(7,13),(11,17),(13,19),(17,23),(23,29),... **セクシー素数** SEXY PRIMES 六質數

119 數學領域裡的詞彙

重要性 ★★☆☆☆
數學

數學相關的用語其實有很多很酷的詞彙。
感興趣的話請務必查查看！

希爾伯特旅館悖論

阿基米德螺線

費馬最後定理

克羅內克的青春夢

188

PART 3

點綴日常的
時髦知識

Chic Knowledge to
Brighten Your Days

KEYWORDS
- 寶石 ・ 飾品
- 香氛 ・ 裝飾 ・ 花語
- 時尚 ・ 圖騰 ・ 星座

120 戒指位置與意義

重要性 ★★★☆☆
飾品

婚戒大多會理所當然地戴在左手無名指上，
不過你知道嗎？戒指根據佩戴的位置，其實各自有不同的象徵意義。
關於所代表的意義眾說紛紜，本篇僅挑出其中一部分。
靈感來源是御守。

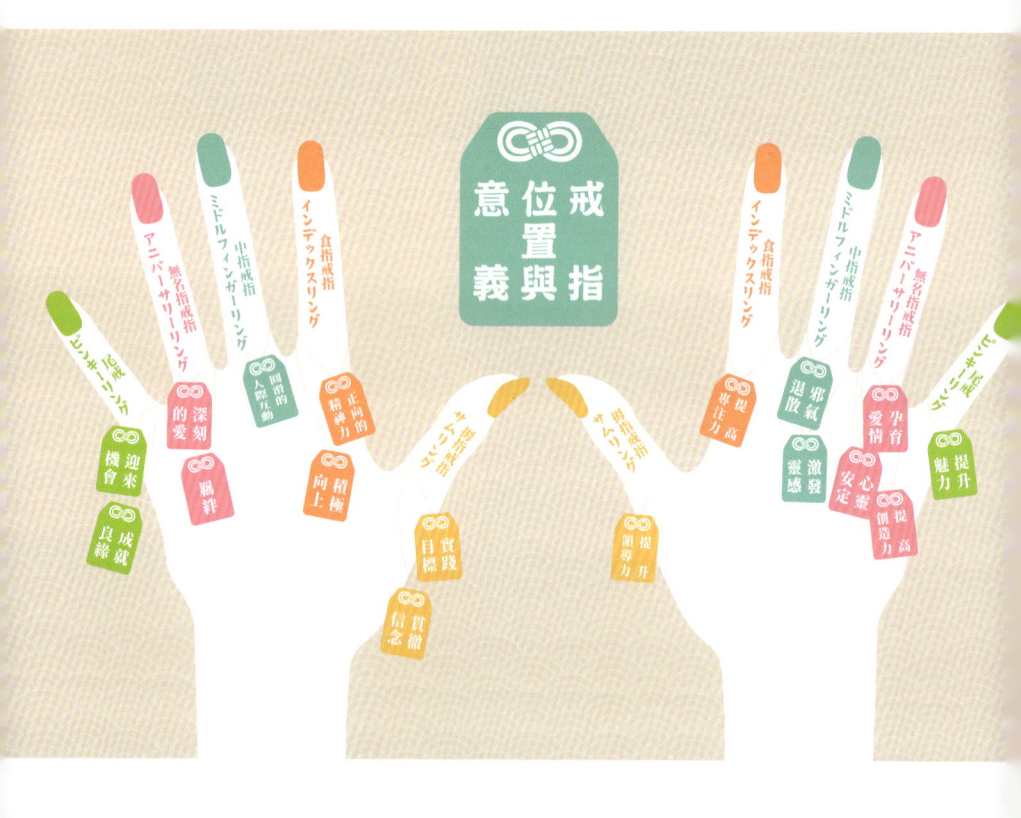

121　寶石的日文漢字名稱和莫氏硬度

重要性　★★★☆☆
寶石

寶石名稱用漢字寫出來後感覺變得更雅緻了。
莫氏硬度則是指寶石的耐刮度，最高為10級。靈感來源是戒指。

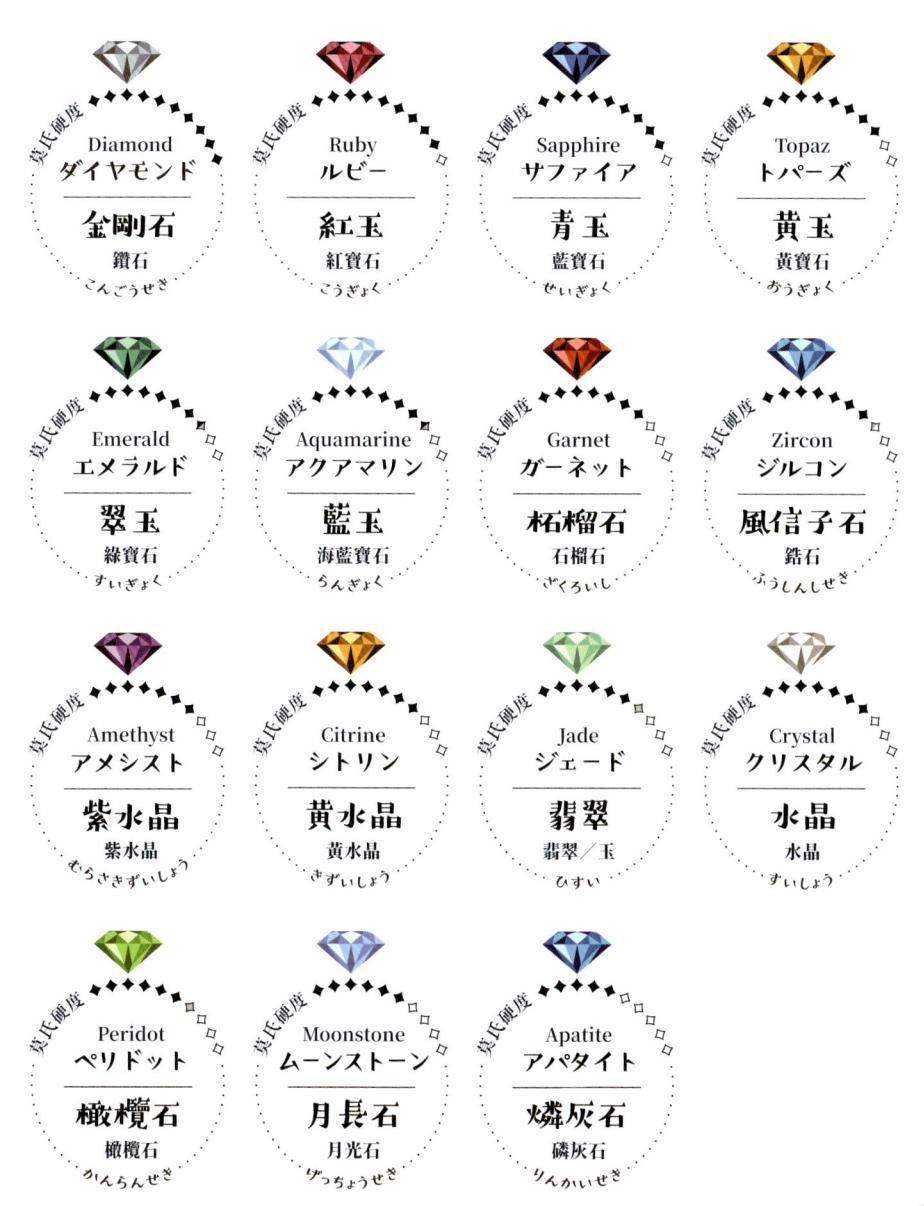

Diamond　ダイヤモンド
金剛石
鑽石
こんごうせき

Ruby　ルビー
紅玉
紅寶石
こうぎょく

Sapphire　サファイア
青玉
藍寶石
せいぎょく

Topaz　トパーズ
黄玉
黄寶石
おうぎょく

Emerald　エメラルド
翠玉
綠寶石
すいぎょく

Aquamarine　アクアマリン
藍玉
海藍寶石
らんぎょく

Garnet　ガーネット
柘榴石
石榴石
ざくろいし

Zircon　ジルコン
風信子石
鋯石
ふうしんしせき

Amethyst　アメシスト
紫水晶
紫水晶
むらさきずいしょう

Citrine　シトリン
黄水晶
黄水晶
きずいしょう

Jade　ジェード
翡翠
翡翠／玉
ひすい

Crystal　クリスタル
水晶
水晶
すいしょう

Peridot　ペリドット
橄欖石
橄欖石
かんらんせき

Moonstone　ムーンストーン
月長石
月光石
げっちょうせき

Apatite　アパタイト
燐灰石
磷灰石
りんかいせき

122 誕生石

重要性 ★★★☆☆

寶石

試著透過這篇記下你或是身邊重要的人的誕生石吧。
當成送禮的參考也很適合。
靈感來源是戒指。

石榴石
ガーネット

紫水晶／金綠貓眼寶石
アメシスト／クリソベリル・キャッツ・アイ

海藍寶石／血石／珊瑚／堇青石
アクアマリン／ブラッドストーン／サンゴ／アイオライト

鑽石／摩根石
ダイヤモンド／モルガナイト

綠寶石／翡翠
エメラルド／ヒスイ

珍珠／月光石／亞歷山大石
真珠／ムーンストーン／アレキサンドライト

紅寶石／榍石	橄欖石／紅條紋瑪瑙／尖晶石
ルビー／スフェーン	ペリドット／サードオニックス／スピネル

藍寶石／孔賽石	蛋白石／碧璽
サファイヤ／クンツァイト	オパール／トルマリン

拓帕石／黃水晶	綠松石／青金石／坦桑石／鋯石
トパーズ／シトリン	トルコ石／ラピスラズリ／タンザナイト／ジルコン

123　耳洞的位置及名稱

重要性　★★☆☆☆

飾品

想要穿耳洞的人，必看！
依據穿洞位置的不同，都有各自的名稱喔。
靈感來源是星座。

ヘリックス
耳骨 Helix

インダストリアル
貫穿式穿法 Industrial

ロック
小耳窩 Rook

ダイス
耳輪腳 Daith

トラガス
耳屏 Tragus

スナッグ
對耳輪 Snug

インナーコンク
內海螺 Inner conch

アウターコンク
外海螺 Outer conch

アンチトラガス
對耳屏 Antitragus

イヤーロブ
耳垂 Lope

バーティカルトラガス
垂直耳屏式穿法 Vertical tragus

オービタル
軌道式穿法 Orbital

124 香氣的種類

粗略地統整了香氣的類別。
每個人都會有各自喜好的香水。你最喜歡哪一種呢？
靈感來源是書信。

重要性 ★★★☆☆

香氣

樹脂系 樹脂類
BALSAM
萃取自樹脂的精油。其特徵是讓人放鬆心神的香氣。屬於樹脂類的主要有安息香、琥珀香和白松香等。

シトラス 柑橘類
itrus
此柑橘類果實中萃取的精油。香氣帶有清爽又活潑的印象。檸檬、柳橙、香檸檬等都屬於此類。

スパイス 香料類
Spice
萃取自香料的精油。由於略帶刺激性的香氣，多用作為副香調。丁香、肉豆蔻、胡椒和肉桂等都屬於此類。

ハーブ 草本類
Herb
萃取自植物的花或葉子的精油。香氣清新潔淨，具有令人放鬆的效果。薄荷、百里香和馬鞭草等都屬於此類。

エキゾチック 異國風情
EXOTIC
萃取自東南亞或中東植物的精油。香氣充滿獨特個性和魅力。依蘭、廣藿香和檀香等都屬於此類。

花香調 フローラル
Floral
主要是指由花朵所萃取出來的精油。香氣帶有香甜、華麗且溫柔的形象。此類別的代表主要有茉莉、玫瑰和鈴蘭等等。

樹木系 木質調
WOODY
萃取自樹皮、樹枝或樹葉的精油。令人感到平靜和放鬆的香氣是其特色。此類別的代表香氣是像（或是像）主要有尤加利、雪松、檜木、香山）等等。

195

125　包裝用的蝴蝶結造型

重要性　★★☆☆☆
包裝

根據不同的蝴蝶結造型，禮物也會呈現不同的氛圍。
來挑挑看最適合送禮對象和禮物的蝴蝶結吧。

蝶結び（基本蝴蝶結）
最普通的蝴蝶結綁法

リボン結び（緞帶蝴蝶結）
特別指使用緞帶綁蝴蝶結，且不想露出緞帶反面

ダブルリボン（雙緞蝶結）
又可愛又華麗

フレンチボウ（法式蝴蝶結）
存在感爆棚！

バタフライボウ（簡易蝴蝶結）
用鐵絲等綁帶將蝴蝶結中心固定，取代傳統打結

ウェーブリボン（波浪式蝴蝶結）
非常適合不太會打結的人

センターループ（圓圈形蝴蝶結）
中心的圓圈非常可愛

シングルループ（單耳蝴蝶結）
適合想要呈現簡約感時使用

スターリボン（星形蝴蝶結）
也有其他名稱如立體蝴蝶結等等

126　花朵顏色代表著不同花語

重要性　★★☆☆☆
花卉

即便是同一個品種的花，依據顏色的差別，也有完全不同的花語。花語的介紹每一本書都不太一樣，此篇介紹當中的一部分。

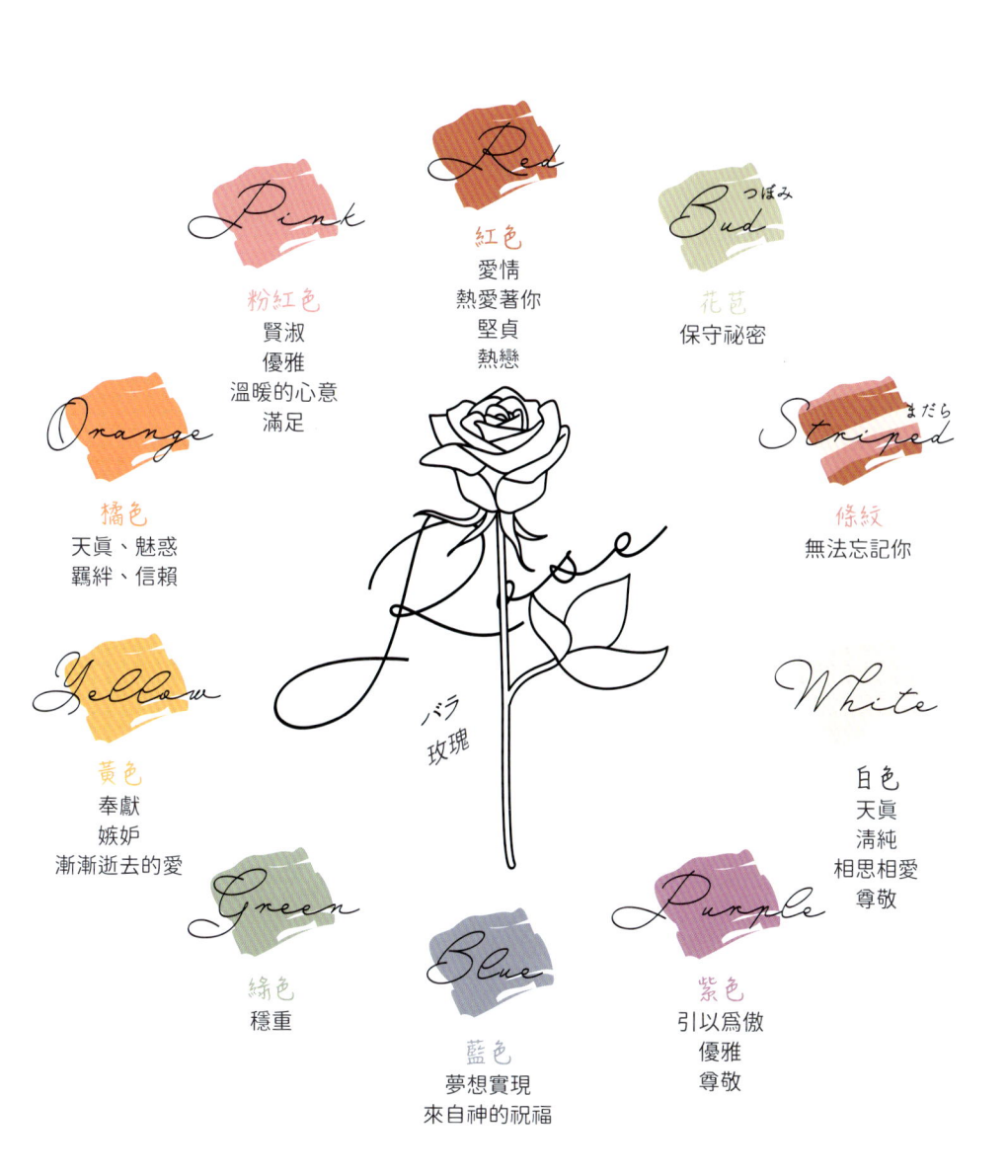

Pink 粉紅色
賢淑
優雅
溫暖的心意
滿足

Red 紅色
愛情
熱愛著你
堅貞
熱戀

Bud つぼみ 花苞
保守祕密

Orange 橘色
天真、魅惑
羈絆、信賴

Striped まだら 條紋
無法忘記你

Yellow 黃色
奉獻
嫉妒
漸漸逝去的愛

White 白色
天真
清純
相思相愛
尊敬

Green 綠色
穩重

Blue 藍色
夢想實現
來自神的祝福

Purple 紫色
引以為傲
優雅
尊敬

Rose　バラ　玫瑰

Gerbera

Red 紅色
無所畏懼地挑戰
神祕的愛

Orange 橘色
有毅力
冒險的心

Pink 粉色
崇高的愛
關懷的心

Yellow 黃色
極致的愛
溫柔

ガーベラ
非洲菊

Carnation

Red 紅色
愛情
感動

Deep Red 深紅色
我的心為你而痛
慾望

Pink 粉色
感謝的心
溫暖的愛情

White 白色
純粹的愛

Orange 橘色
熱情
澄澈的愛

Yellow 黃色
蔑視

カーネーション
康乃馨

Red
紅色
愛的告白、永遠的愛

Pink
粉紅色
萌芽的愛戀

White
白色
請原諒我
純眞

Yellow
黃色
沒有希望的愛戀

Purple
紫色
不滅的愛
高尚

チューリップ
鬱金香

Red
紅色
愛情、和諧

Pink
粉紅色
純潔

White
白色
優美

コスモス
波斯菊

127 格紋的種類

你知道蘇格蘭格紋還可以再細分成四種不同的樣式嗎？
除此之外還有時髦、可愛的格紋等，非常豐富多變喔。

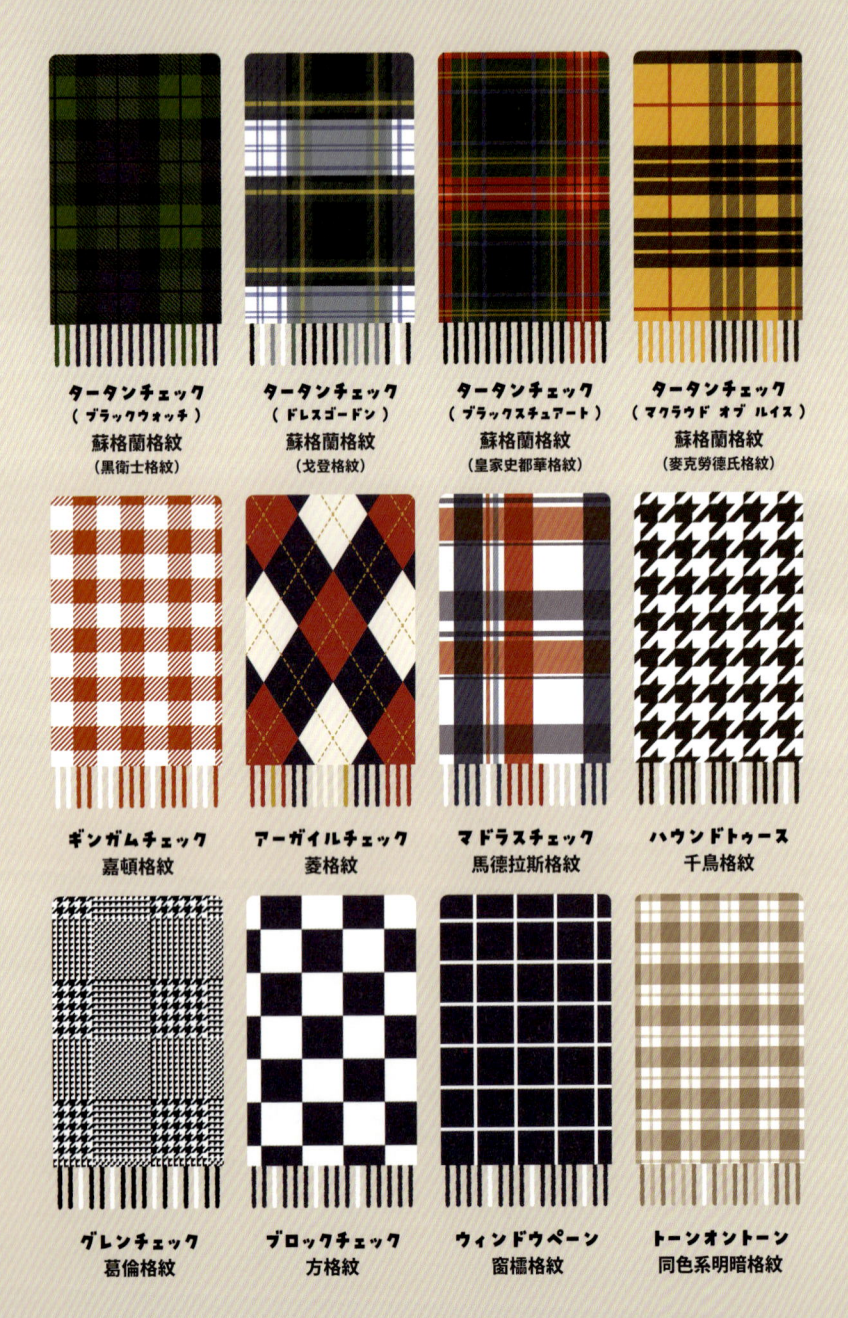

重要性 ★★☆☆☆

圖騰

タータンチェック
（ブラックウォッチ）
蘇格蘭格紋
（黑衛士格紋）

タータンチェック
（ドレスゴードン）
蘇格蘭格紋
（戈登格紋）

タータンチェック
（ブラックスチュアート）
蘇格蘭格紋
（皇家史都華格紋）

タータンチェック
（マクラウド オブ ルイス）
蘇格蘭格紋
（麥克勞德氏格紋）

ギンガムチェック
嘉頓格紋

アーガイルチェック
菱格紋

マドラスチェック
馬德拉斯格紋

ハウンドトゥース
千鳥格紋

グレンチェック
葛倫格紋

ブロックチェック
方格紋

ウィンドウペーン
窗櫺格紋

トーンオントーン
同色系明暗格紋

200

128 和服的種類

重要性 ★★★★☆

和服

值得令日本為傲的傳統——和服。
讓人不禁希望可以依據情況搭配正確的和服呢。

白無垢
新娘專用的婚禮用和服。

色打掛
新娘專用的婚禮用和服。

黑留袖
新郎、新娘的母親或親戚中的已婚女性，所穿著的和服中最高等級的正式禮裝和服。

黑紋付
純黑且有五處繡上紋樣的和服。也可作為喪服。

色留袖
不論已婚或未婚均可著用。適合宴會場合的正式和服。

振袖
長長的袖子下襬是其特徵，屬於未婚女性的正式禮裝和服。

訪問著（訪問和服）
特色是繪羽（えば）花紋，屬於準禮裝和服，穿著場合最廣泛。

付け下げ（付下）
等級僅次於訪問著的準禮裝和服。

色無地
可依照場合來選擇適合的花紋或腰帶的搭配，是相當便利的和服。

小紋
布滿重複的圖樣紋路，可以作為日常外出和服。

紬
織物和服的代表，最適合用於休閒活動的和服。

浴衣
最休閒的夏季和服便服。

袴（和服裙子）
在穿著和服後，另外穿上的和服下裳。

201

129 各式各樣的長度

重要性 ★★★★☆
衣著

本篇介紹項鍊、裙子和襪子的不同長度和名稱。
只要改變長度，適合的對象和氛圍也都會跟著改變。

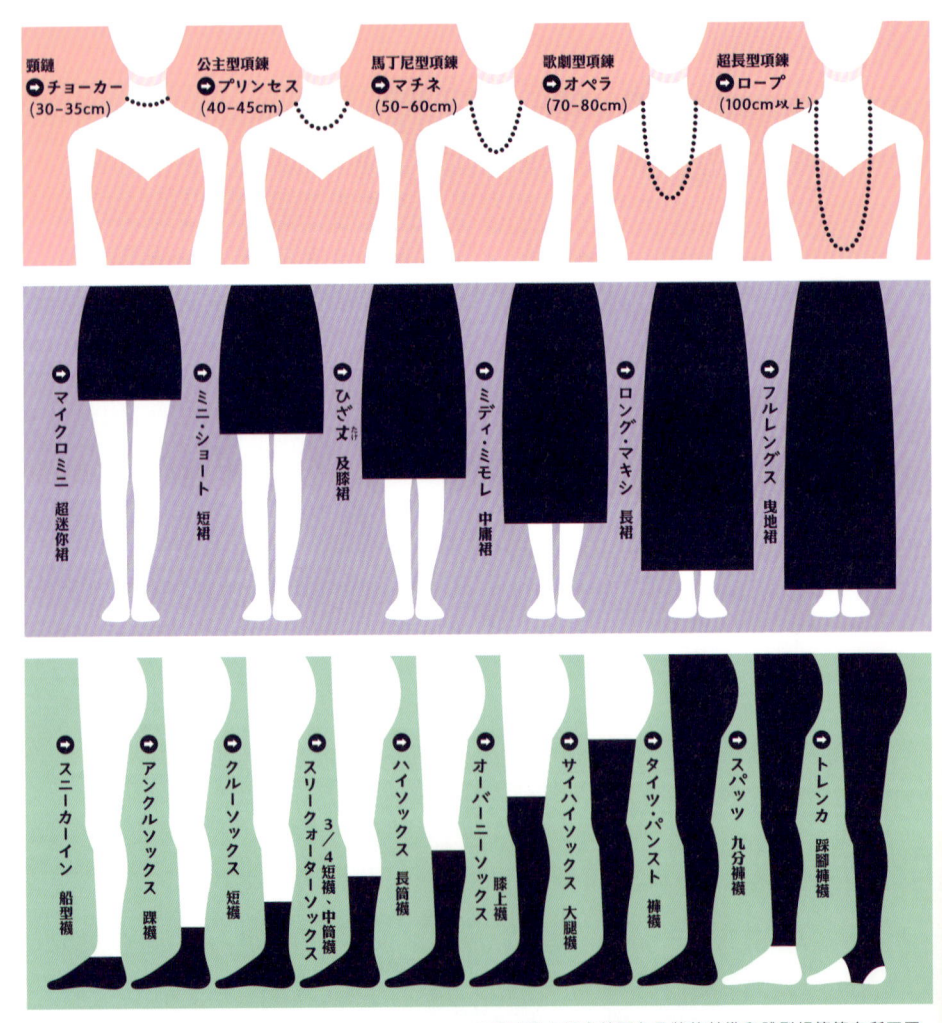

頸鏈
➡ チョーカー
(30–35cm)

公主型項鍊
➡ プリンセス
(40–45cm)

馬丁尼型項鍊
➡ マチネ
(50–60cm)

歌劇型項鍊
➡ オペラ
(70–80cm)

超長型項鍊
➡ ロープ
(100cm以上)

➡ マイクロミニ 超迷你裙
➡ ミニ・ショート 短裙
➡ ひざ丈 及膝裙
➡ ミディ・ミモレ 中庸裙
➡ ロング・マキシ 長裙
➡ フルレングス 曳地裙

➡ スニーカーイン 船型襪
➡ アンクルソックス 踝襪
➡ クルーソックス 短襪
➡ スリークォーターソックス 3/4短襪・中筒襪
➡ ハイソックス 長筒襪
➡ オーバーニーソックス 膝上襪
➡ サイハイソックス 大腿襪
➡ タイツ・パンスト 褲襪
➡ スパッツ 九分褲襪
➡ トレンカ 踩腳褲襪

※長度和名稱定義因各品牌的基準和體型規範等有所不同。

130 領口的種類

能一下子改變時尚氣氛的領口設計。
挑選衣服的時候請參考這篇吧。

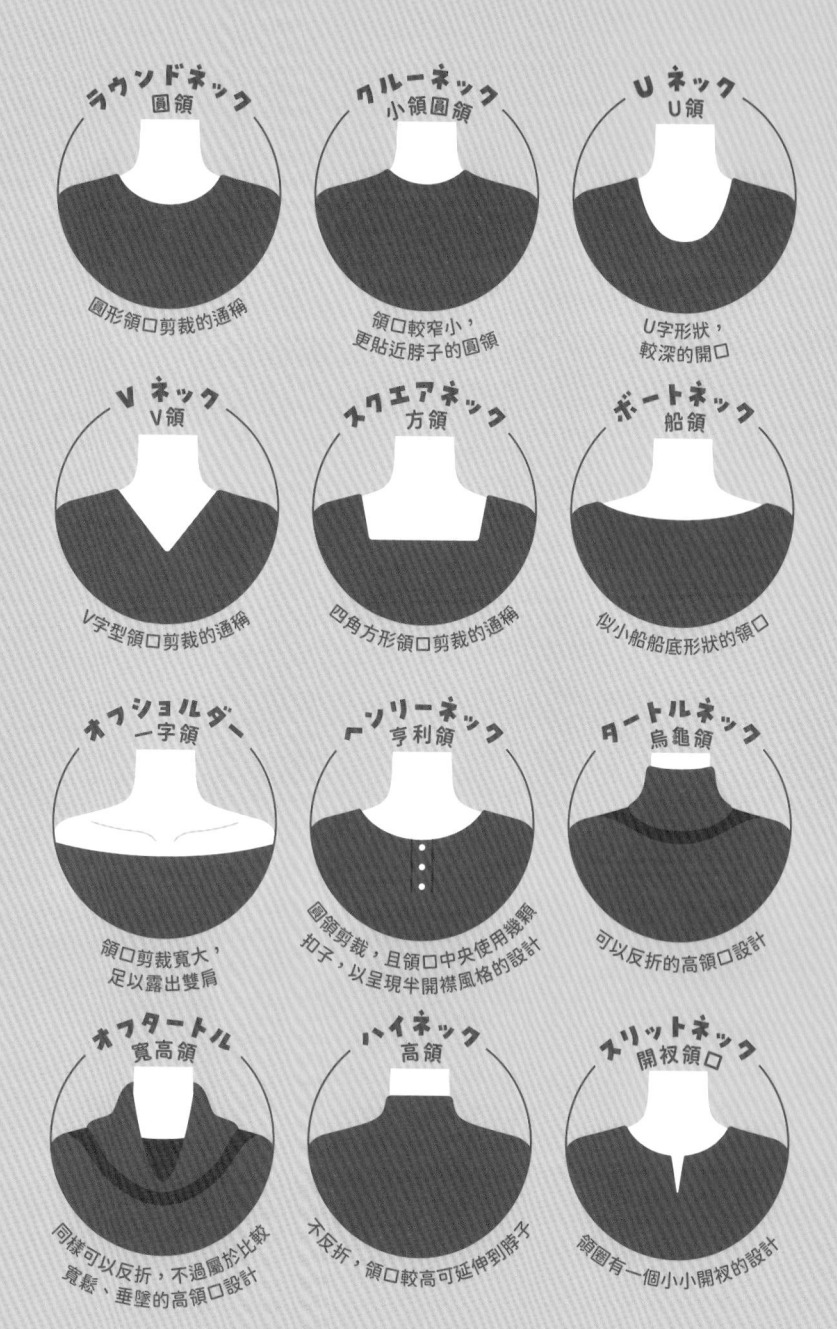

重要性 ★★★★☆

服裝

ラウンドネック 圓領
圓形領口剪裁的通稱

クルーネック 小領圓領
領口較窄小，更貼近脖子的圓領

U ネック U領
U字形狀，較深的開口

V ネック V領
V字型領口剪裁的通稱

スクエアネック 方領
四角方形領口剪裁的通稱

ボートネック 船領
似小船船底形狀的領口

オフショルダー 一字領
領口剪裁寬大，足以露出雙肩

ヘンリーネック 亨利領
圓領剪裁，且領口中央使用幾顆扣子，以呈現半開襟風格的設計

タートルネック 烏龜領
可以反折的高領口設計

オフタートル 寬高領
同樣可以反折，不過屬於比較寬鬆、垂墜的高領口設計

ハイネック 高領
不反折，領口較高可延伸到脖子

スリットネック 開衩領口
領圍有一個小小開衩的設計

203

131 帽子的種類

重要性 ★★★☆☆
服裝

帽子也因為外型設計或材質而有很多不同的種類。
本篇介紹其中一部分。

中折れ帽
紳士帽
多以毛氈製成。
帽子中央有一道縱線的凹陷折痕，
也稱中折帽。

ホンブルグ
捲邊紳士帽
屬於紳士帽中「Homburg」款，
也可以搭配正裝。

ボーラーハット
圓頂禮帽（Bowler hat）
其特色是半球型的頂部設計、
稍微捲起的帽簷，也稱德比帽。

トップ（シルク）ハット
高頂禮帽（Top hat）
圓柱狀的高帽冠設計，帽爲平頂，
帽簷兩側稍微反折向上。
傳統多爲絲製，
因此看起來具有光澤感。

ポークパイハット
豬肉派帽（Pork pie hat）
頂部多半有一個淺淺的凹陷，
是比較短的圓柱狀帽冠。
薄窄的帽簷看起來有一點反折。

クロシュ
鐘型帽
設計上有著鐘型的帽冠
以及比較低的窄帽簷。

キャプリン
寬簷帽
柔軟且帽簷寬大的帽子。

フロッピーハット
淑女帽（Floppy hat）
帽簷寬大且稍微有些下垂的帽子。
也有些是整頂由毛氈所製成。

チロリアンハット
蒂羅爾帽
帽簷整體窄小且前面偏低，
後面稍微反折向上。
帽子側邊多半附有一支羽毛。

カウボーイハット
牛仔帽
通稱牛仔戴的帽子款式。

テンガロンハット
牛仔高帽、十加侖帽
（Ten gallon hat）
帽冠較一般通稱的牛仔帽高。
帽簷寬大，左右兩側稍微向上反折。

メトロハット
地鐵帽
鐘型帽冠，
帽簷上有多條縫線是其特色。

チューリップハット
鬱金香帽
稍微尖尖的帽頂、
如花瓣般的帽簷是其特色。

バケットハット
漁夫帽
帽簷較短卻略微下壓，
帽子倒過來看長得有點像水桶。

ブルトンハット
變形水手帽、布列塔尼帽
正面帽簷有一部分
稍微往上反折的帽子。

カノティエ
平頂草帽
也稱為船工帽。
帽簷平整寬大，屬於平頂、
帽冠整體比較低矮的設計。

パナマハット
巴拿馬帽
使用巴拿馬草的葉子
編織而成的帽子。

ストローハット
草帽
也稱稻草帽。
用稻草或蘆葦等編織而成的帽子，
多在夏季使用。

132 鞋跟的種類

重要性 ★★★☆☆

衣著

對於喜歡跟鞋的人來說或許早已是常識？依據鞋跟高度或款式而有著不同的名稱，尋找喜歡的跟鞋時歡迎參考本篇。

High heel
ハイ

高跟
鞋跟高度對比腳指頭要高出7公分。

Middle heel
ミドル

中跟
鞋跟約4～6公分。

Low heel
ロー

低跟
鞋跟在3公分以下。

Pin heel
ピン

尖頭細高跟
有著尖頭的造型和非常細的高鞋跟。

Spanish heel
スパニッシュ

西班牙式高跟
鞋跟前側垂直切割，鞋跟後側則是有弧度的設計。

Italian heel
イタリアン

義式高跟
鞋跟又細、又直、又高。

Spool heel
スプール

線軸跟
鞋跟和鞋跟底部都偏寬，中部較細的設計讓鞋跟看起來像紡紗機的線軸。

French heel
フレンチ

法式高跟
鞋跟底較寬大，鞋跟後側靠近中間處則偏細。

Cone heel
コーン

錐形跟
鞋跟根部寬大、底部細尖的圓錐形設計。

バナナ
香蕉跟
鞋跟根部寬大，整體像香蕉一樣有彎曲的曲線感。

キューバン
古巴跟
鞋跟後側愈往底部愈向前斜切。

スタック
堆疊鞋跟
以皮革或薄木板等素材層層疊加。具有層次感的條紋鞋跟是其特色。

フラット
平底鞋
鞋跟大約1.5公分左右的款式。

ピナフォア
拱形鞋跟
由鞋跟開始的整片鞋底為一體成型，鞋跟處呈現緩和的拱形弧度。

ウェッジ
楔型鞋跟
富有安定感的楔型鞋跟。整片鞋底均為平底設計。

フレア
梯形跟
比起鞋跟根部，鞋跟底部是比較寬的設計。

スクエア
方形跟
鞋跟呈現矩形。

チャンキー
粗跟
比較粗厚的鞋跟設計。

133 捧花的樣式

重要性 ★★☆☆☆
花卉

讓人想好好講究一下的婚禮捧花樣式。
挑選最適合自己婚紗的捧花，來完成最美麗的搭配吧。

半圓形捧花
ラウンド
ブーケ

水滴型捧花
ティアドロップ
ブーケ

瀑布型捧花
キャスケード
ブーケ

手綁型捧花、自由型捧花
クラッチ
ブーケ

臂彎式捧花
アーム
ブーケ

球型捧花
ボール
ブーケ

花環型捧花
リース
ブーケ

208

134 婚紗的樣式

重要性 ★★☆☆☆

服裝

依據不同的婚紗樣式，整體的氛圍會有很大的變化。
穿上喜歡的婚紗來度過最完美的一天吧！

A ライン

・腰部以下直線型向外展開的「A」字型裙身。

#王道
#經典
#百搭的造型

A字型

プリンセス ライン

・腰部以下呈鬆軟、蓬鬆地展開的裙襬，宛如公主般的風格。

#王道
#華麗
#可愛

公主風

マーメイド ライン

・到臀部為止剪裁合身，裙襬則大多從膝蓋以下向外展開。

#富有女人味
#身材曲線一百分
#成熟風

魚尾型

スレンダー ライン

・減少裙襬的澎度，讓整體呈現纖瘦的身形輪廓是其特色。

#不會太過甜美
#時尚高雅
#活動方便

修身型

エンパイア ライン

・胸部下方即為腰線的高腰剪裁，帶有垂墜感的裙襬是其特色。

#顯腿長
#自然風
#孕媽咪也OK

帝國式

135 領帶的種類

重要性 ★★★☆☆

服裝

本篇整理了各式各樣的領帶款式。
只要換搭不同的領帶，整體的風格就會有很大的轉變，
請一定要挑戰搭配不同樣式的領帶喔。靈感來源是泰迪熊。

ワイドタイ
寬版領帶
大劍寬度
約10公分以上的樣式

ダービータイ
標準領帶
泛指底端
為尖形設計的領帶

ナロータイ
窄版領帶
大劍寬度約
在4～6公分左右的樣式

カットタイ
單刀型領帶
領帶尖端
彷彿斜切了一刀的樣式

スクエアタイ
方頭領帶
領帶尖端
是方形的樣式

ニットタイ
針織領帶
針織材質
且整條寬度都相等的領帶

バタフライボウ
蝶形領結
宛如蝴蝶張翅的領結形狀

ポインテッドエンド
菱形領結
領結的兩端
都是尖頭形狀

ストックタイ
領巾式領帶
需要繞脖子
一圈綁起的領帶

ストレートエンド
平直領結
領結兩端
呈現筆直的線型

クロスタイ
交叉領帶
領帶兩端
在頸部交叉的樣式

ループタイ
波洛領帶
繩索式的領帶

210

136 眼鏡的樣式

重要性 ★★★☆☆

衣著

能大幅改變臉型印象的就是眼鏡的造型了。
每一個樣式都有各自的魅力呢。

橢圓框 OVAL オーバル
鏡框整體呈橢圓形。

圓形框 ROUND ラウンド
非常接近正圓形。
哈羅德・勞埃德為圓框眼鏡的代表人物。

方形框 SQUARE スクエア
鏡框整體呈長方形。

波士頓框 BOSTON ボストン
圓潤的梯形或倒三角形。

威靈頓框 Wellington ウェリントン
INTELLIGENT & GENTLE
上寬下窄，較為圓潤的長方形。

眉框 BROW ブロウ
STRONG-WILLED
有如眉毛造型的鏡框上緣，
具有權威感。

水滴形框 Tear drop ティアドロップ
有如水滴般的造型。

狐狸框 FOX フォックス
台灣多稱之蝶形框，
鏡框兩側看起來好像微微上提的設計。

八角形框 OCTAGON オクタゴン
鏡框整體呈八角形。

137　襯衫領型

標準領 レギュラー カラー	短領 ショートポイント カラー	長領 ロングポイント カラー
經典、最常見的領型	領片長度較短	領片長度較長

尖領 ナロースプレッド カラー	大八字領 ホリゾンタル カラー	八字領 ワイドスプレッド カラー
領片之間的開口小於60度	或稱寬領。 領片之間的開口大小將近180度	領片之間的開口大小 約100到120度

扣領 ボタンダウン	針孔領 ピンホール カラー	飾耳領 タブ カラー
或稱鈕扣領。 領片尖端用扣子固定住的樣式	領片上開了兩個小圓孔 以便使用別針	兩側的領片可以透過 額外設計的襻帶來固定

本篇主要整理了白襯衫的領型。
從經典款到帶有玩心的設計都有介紹，
相信下次挑選襯衫時一定能派上用場。

重要性 ★★★☆☆

服裝

義大利領
イタリアン
カラー

或稱一片領。由一體成型的領片跟領座打造出V字型視覺

拼接領
マイター
カラー

由兩種不同圖騰的布所縫合拼接的設計

圓領
ラウンド
カラー

圓弧形的領片設計

立領
スタンド
カラー

沒有翻領的設計

翼領
ウイング
カラー

領尖稍微翻折一小角

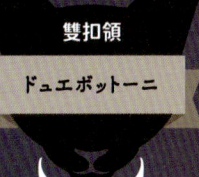

雙扣領
ドゥエボットーニ

領座上有兩顆扣子、領座高度略高

三扣領
トレボットーニ

領座有三顆扣子，故領座高度較其他款式要高出許多

水手領
セーラー
カラー

源自水手所穿著的服裝

清教徒領
ピューリタン
カラー

領片寬大到幾乎蓋到肩膀位置的設計

213

138 動物紋的種類

重要性 ★★☆☆☆

圖騰

你能夠說明獵豹紋跟花豹紋的差異嗎?
不要再單純依據對圖騰的喜好而決定,
好好了解是哪一個動物的紋路後再挑選吧!
靈感來源是包包。

花豹

獵豹

美洲豹

老虎

長頸鹿

鹿

斑馬

乳牛

鱷魚

蟒蛇

139 脣彩種類

本篇統整了種類多樣的脣妝。
按照使用需求來參考看看吧。

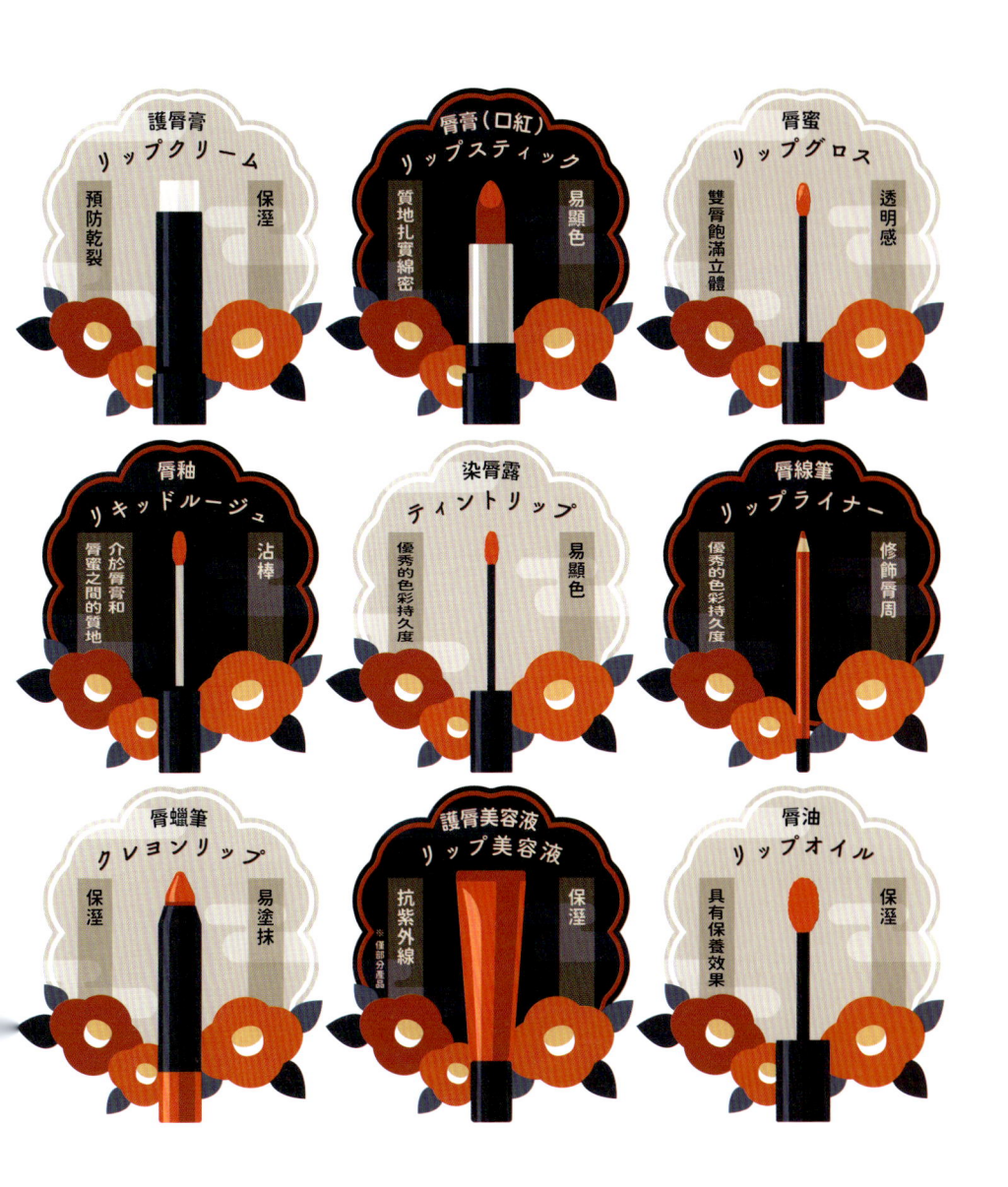

重要性 ★★★☆☆

彩妝

護脣膏 リップクリーム
- 預防乾裂
- 保溼

脣膏（口紅） リップスティック
- 質地扎實綿密
- 易顯色

脣蜜 リップグロス
- 雙脣飽滿立體
- 透明感

脣釉 リキッドルージュ
- 介於脣膏和脣蜜之間的質地
- 沾棒

染脣露 ティントリップ
- 優秀的色彩持久度
- 易顯色

脣線筆 リップライナー
- 優秀的色彩持久度
- 修飾脣周

脣蠟筆 クレヨンリップ
- 保溼
- 易塗抹

護脣美容液 リップ美容液
- 抗紫外線 ※僅部分產品
- 保溼

脣油 リップオイル
- 具有保養效果
- 保溼

140　個人色彩

「個人色彩診斷」分析法，
是將適合自己的色彩大致分為四個類型。
透過這個方式，一定能找到幫助你光彩照人的顏色。

重要性　★★★☆☆

時尚

YELLOW BASE
春 Spring
暖色調　高～中明度　清色

BLUE BASE
夏 Summer
冷色調　高～中明度　濁色

216

YELLOW BASE

秋
Autumn

| 暖色調 | 中〜低明度 | 濁色 |

BLUE BASE

冬
Winter

| 冷色調 | 中〜低明度 | 清色 |

217

141　12星座

12星座位於黃道——也就是太陽在一年中運行的路徑。
有關12星座的相關測驗大家應該很熟悉吧？
靈感來源是冰淇淋。

重要性 ★★★☆☆
星座

0321-0419	0420-0520	0521-0621	0622-0722
おひつじ座 牡羊座	おうし座 金牛座	ふたご座 雙子座	かに座 巨蟹座

0723-0822	0823-0922	0923-1023	1024-1122
しし座 獅子座	おとめ座 處女座	てんびん座 天秤座	さそり座 天蠍座

1123-1221	1222-0119	0120-0218	0219-0320
いて座 射手座	やぎ座 摩羯座	みずがめ座 水瓶座	うお座 雙魚座

142　88個星座

閃耀於夜空的88個星座。
你知道有「后髮座」這樣的星座存在嗎？
本篇將介紹各個星座背後的希臘神話或其命名的靈感。

重要性　★★★☆☆
星座

仙女座
アンドロメダ座
衣索比亞的
美麗公主安朵美達

麒麟座
いっかくじゅう座
獨角獸

人馬座
いて座
山杜爾族的
半人馬凱隆

海豚座
いるか座
海神波賽頓的
使者

印第安座
インディアン座
美國的原住民
印第安人

雙魚座
うお座
阿芙蘿黛蒂
和兒子厄洛斯的化身

天兔座
うさぎ座
獵人俄里翁的
獵物

牧夫座
うしかい座
源自巨人
阿特拉斯等神話

長蛇座
うみへび座
九頭蛇
怪海德拉

波江座
エリダヌス座
厄里達諾斯河

金牛座
おうし座
宙斯為了見
歐羅巴時的化身

大犬座
おおいぬ座
能力優秀的
獵犬萊拉普斯

豹狼座
おおかみ座
被半人馬的
長矛刺殺的狼

大熊座
おおぐま座
被變成熊的
寧芙仙女卡利斯托

室女座
おとめ座
大地女神
狄蜜特的化身

白羊座
おひつじ座
飛翔於空中的
金羊

獵戶座
オリオン座
美男獵人
俄里翁

繪架座
がか座
靈感來自畫家
所使用的畫架和調色盤

仙后座
カシオペヤ座
衣索比亞王妃
卡西歐佩亞

劍魚座
かじき座
有著尖嘴的
怪魚

巨蟹座
かに座
被海克力士
所殺的怪物巨蟹

后髮座
かみのけ座
埃及王妃
貝勒尼基的頭髮

蜥蜴座
カメレオン座
變色龍

烏鴉座
からす座
太陽神
阿波羅的使者

219

北冕座 かんむり座	杜鵑座 ぎょしちょう座	御夫座 ぎょしゃ座	鹿豹座 きりん座
酒神戴奧尼索斯贈與妃子的皇冠	巨嘴鳥（杜鵑）	雅典國王埃里克托尼俄斯的身姿	形似長頸鹿
孔雀座 くじゃく座	鯨魚座 くじら座	仙王座 ケフェウス座	半人馬座 ケンタウルス座
形似孔雀	襲擊安朵美達公主的鯨魚怪物	衣索比亞的國王克甫斯	形似半人馬，亦稱山杜爾族
顯微鏡座 けんびきょう座	小犬座 こいぬ座	小馬座 こうま座	狐狸座 こぎつね座
形似顯微鏡	獵戶座獵人俄里翁的另一隻獵犬	荷米斯送給卡斯托耳的馬	叼著鵝的小狐狸
小熊座 こぐま座	小獅座 こじし座	巨爵座 コップ座	天琴座 こと座
宙斯的獵人兒子阿爾卡斯	幼小的獅子	古希臘的酒杯	音樂家奧菲斯的琴
圓規座 コンパス座	天壇座 さいだん座	天蠍座 さそり座	三角座 さんかく座
形似圓規	祭壇	殺死俄里翁的蠍子	細長的三角形
獅子座 しし座	矩尺座 じょうぎ座	盾牌座 たて座	雕具座 ちょうこくぐ座
尼米亞森林的食人獅子	一把直角尺和一把直尺	紀念波蘭國王揚三世・索別斯基的功績	雕刻道具
玉夫座 ちょうこくしつ座	天鶴座 つる座	山案座 テーブルさん座	天秤座 てんびん座
雕刻家的工坊	形似鶴	桌案山	正義女神阿斯特莉亞所持的天秤
蝎虎座 とかげ座	時鐘座 とけい座	飛魚座 とびうお座	船尾座 とも座
拉丁文意思為蜥蜴	源自古希臘語，意為擺鐘	南船座旁滑翔的飛魚	18世紀時將南船座拆成三個星座，此為其一

蒼蠅座 はえ座	天鵝座 はくちょう座	南極座 はちぶんぎ座	天鴿座 はと座
原稱蜜蜂座，18世紀才改命名為蒼蠅座	宙斯為了見到麗妲的化身	拉丁文意思為八分儀	從諾亞方舟上被放出去的鴿子
天燕座 ふうちょう座	雙子座 ふたご座	飛馬座 ペガスス座	蛇夫座 へびつかい座
代表天堂鳥	雙胞胎兄弟的卡斯托爾和波拉克斯	由女妖梅杜莎的血轉化而成的有著翅膀的駿馬	後世稱「醫神」的阿斯克勒庇俄斯
巨蛇座 へび座	武仙座 ヘルクレス座	英仙座 ペルセウス座	望遠鏡座 ぼうえんきょう座
巨蛇	宙斯的兒子，英雄海克力士	宙斯的兒子，英雄柏修斯	源自法語，代表望遠鏡
鳳凰座 ぼうおう座	唧筒座 ポンプ座	船帆座 ほ座	寶瓶座 みずがめ座
代表不死鳥——鳳凰	命名靈感源自氣泵	18世紀時將南船座拆成3個星座，此為其一	特洛伊的王子蓋尼米德
水蛇座 みずへび座	南十字座 みなみじゅうじ座	南魚座 みなみのうお座	南冕座 みなみのかんむり座
雄性水蛇	十字架	阿塔伽提斯女神所變成的魚	半人馬的花環
南三角座 みなみのさんかく座	摩羯座 やぎ座	天貓座 やまねこ座	天箭座 や座
源自拉丁語，意為南邊的三角形	牧神潘恩逃跑時的化身	代表山貓	海克力士放出的箭矢
羅盤座 らしんばん座	船底座 りゅうこつ座	天龍座 りゅう座	獵犬座 りょうけん座
拉丁文原意為指南針	18世紀時將南船座拆成三個星座，此為其一	百頭龍拉頓	巨人身邊牽著的兩條獵犬
網罟座 レチクル座	六分儀座 ろくぶんぎ座	天爐座 ろ座	天鷹座 わし座
目鏡中為了精密觀測用所加上的十字絲	代表測量儀器六分儀	象徵化學熔爐	宙斯擄走蓋尼米德時所化身的巨鷹

参考文献・資料

『広辞苑　第七版』
新村 出/編、岩波書店

『日本大百科全書（ニッポニカ）』
小学館

『改訂新版 世界大百科事典』
平凡社

『日本国語大辞典 第二版』
小学館

『角川新字源 改訂新版』
小川環樹・西田太一郎・赤塚 忠・阿辻哲次・釜谷武志・木津祐子/編、KADOKAWA

『プレミアムカラー国語便覧』
足立直子・二宮美那子・本廣陽子・森田貴之/監修、数研出版

『原色 シグマ新国語便覧【増補三訂版】』
文英堂

『現代用語の基礎知識2023』
小泉 悠 ほか、自由国民社

PART 1

『最新 体系・戸籍用語事典　法令・親族・戸籍実務・相続・旧法』
南 敏文/監修・髙妻 新/著・青木 惺/補訂、日本加除出版

『三省堂六法 平成23年版』
永井憲一/編集代表、三省堂

『東海オンエア虫眼鏡×Mリーガー内川幸太郎　勝てる麻雀をわかりやすく教えてください！』
内川幸太郎・虫眼鏡、KADOKAWA

『猫の毛色＆模様 まるわかり100！』
今泉忠明/監修、学研

『猫柄図鑑』
山根明弘/監修、日本文芸社

『犬を選ぶためのカラー図鑑』
横山信夫、西東社

『増補改訂 最新 世界の犬種大図鑑　原産国に受け継がれた犬種の姿形 430種』
藤田りか子、誠文堂新光社

『最新犬種図鑑 写真で見る犬種とスタンダード』
社団法人ジャパンケネルクラブ、エデュワードプレス

『よくわかる 犬の遺伝学：健全性から毛色まで、知って役立つ遺伝の法則』
尾形聡子、誠文堂新光社

『月の名前』
高橋順子・佐藤秀明、デコ

『新版 月と暮らす。：月を知り、月のリズムで』
藤井 旭、誠文堂新光社

『月と暮らす本』
高橋典嗣、洋泉社

『心に響く！美しい「日本の言葉」2200』
西東社編集部/編、西東社

『日本の文様』
藤 依里子、大和書房

『日本の文様 解剖図鑑』
筧 菜奈子、エクスナレッジ

『標準 編集必携 第2版』
日本エディタースクール編、日本エディタースクール出版部

『早引き音楽記号・用語事典』
齋藤純一郎、ナツメ社

『独・仏・伊・英による音楽用語辞典［改訂版］』
遠藤三郎、シンコー・ミュージック

『ポケット音楽辞典』
音楽之友社/編、音楽之友社

『ジーニアス英和辞典 第6版』
南出康世・中邑光男/編集主幹、大修館書店

『暦の百科事典：2000年版』
暦の会/編著、本の友社

『暦の大事典（新装版）』
岡田芳朗・神田 泰・佐藤次高・高橋正男・古川麒一郎・松井吉昭/編、朝倉書店

『日本の七十二候を楽しむ 一旧暦のある暮らし一 増補新装版』
白井明大/文・有賀一広/絵、KADOKAWA

『七十二候で楽しむ日本の暮らし』
広田千悦子、KADOKAW

『世界一やさしい！ 栄養素図鑑』
牧野直子/監修　松本麻希/イラスト、新星出版社

『八訂 食品成分表 2023』
香川明夫/監修、女子栄養大学出版部

『大人のための「テーブルマナー」の教科書』
大谷 晃、キクロス出版

『世界のビジネスエリートが身につけている教養としてのテーブルマナー』
小倉朋子、SBクリエイティブ

『食の器の事典』
荻野文彦/編著、柴田書店

『ゼロから理解する 食肉の基本：家畜の飼育・病気と安全・流通ビジネス』
西村敏英/監修、誠文堂新光社

『調理科学×肉の事典』
朝日新聞出版/編、朝日新聞出版

『いちばんくわしいパン事典』
東京製菓学校、世界文化社

『パンの事典』
井上好文/監修、旭屋出版

『茶大百科Ⅰ 歴史・文化／品質・機能性／品種／製茶』
農文協/編、農山漁村文化協会

『食のことば由来事典 食材・料理・飲み物』
ジョン・エイトウ/著　石川久美子・おおつかのりこ・児玉敦子・中村久里子/訳、柊風舎

『新版 日本茶の図鑑』
公益社団法人日本茶業中央会・NPO法人日本茶インストラクター協会、マイナビ出版

『新版 厳選紅茶手帖』
世界文化社

消費者庁『新しい洗濯表示』
https://www.caa.go.jp/policies/policy/representation/household_goods/laundry_symbols.html

国土交通省『道路標識一覧30』
chrome-extension://efaidnbmnnnibpcajpcglclefindmkaj/https://www.mlit.go.jp/road/sign/sign/douro/ichiran.pdf

国土交通省国土地理院『地図記号』
https://www.gsi.go.jp/common/000189126.pdf

国土交通省気象庁『天気予報等で用いる用語』
https://www.jma.go.jp/jma/kishou/know/yougo_hp/mokuji.html

PART 2

『新選漢和辞典 第八版』
小林信明/編、小学館

『字通』
白川 静、平凡社

『何でも読める難読漢字辞典』
三省堂編修所/編、三省堂

『宛字外来語辞典 〔新装版〕』
宛字外来語辞典編集委員会/編、柏書房

『三省堂ポケット難読語辞典』
三省堂編修所/編、三省堂

『実例 大人の基本 手紙書き方大全』
中川 越、講談社

『手紙・はがき・一筆箋の書き方と文例集』
主婦の友社

『【増補改訂版】気持ちがきちんと伝わる! 手紙の文例・マナー新事典』
中川 越/監修、朝日新聞出版

『三十六歌仙 ビギナーズ・クラシックス 日本の古典』
吉海直人/編、KADOKAWA

『新版　角川俳句大歳時記　春』角川書店/編、KADOKAWA

『新版　角川俳句大歳時記　夏』角川書店/編、KADOKAWA

『新版　角川俳句大歳時記　秋』角川書店/編、KADOKAWA

『新版　角川俳句大歳時記　冬』角川書店/編、KADOKAWA

『新版　角川俳句大歳時記　新年』角川書店/編、KADOKAWA

『理科年表　2022』
国立天文台/編、丸善出版

『大学4年間の西洋美術史が10時間でざっと学べる』
池上英洋、KADOKAWA

『大学4年間の宗教学が10時間でざっと学べる』
島薗 進、KADOKAWA

『西洋美術史　美術出版ライブラリー 歴史編』
秋山聰・田中正之/監修、美術出版社

『[図説]日本呪術全書 普及版』
豊嶋泰國、原書房

『カラー版 西洋美術史』
高階秀爾、美術出版社

『すごすぎる天気の図鑑 雲の超図鑑』
荒木健太郎、KADOKAWA

『角川の集める図鑑 GET! 人体』
坂井建雄/監修、KADOKAWA

『いきもの写真館3　つのじまんつのくらべ』
小宮輝之、メディアパル

『動物大百科　第4巻　大型草食獣』
D.W.マクドナルド/編　今泉吉典/監修

『雪の結晶図鑑』
菊地勝弘・梶川正弘、北海道新聞社

『Newton大図鑑シリーズ 天気と気象大図鑑』
荒木健太郎、ニュートンプレス

『マーカス・チャウンの太陽系図鑑』
マーカス・チャウン/著　糸川 洋/訳、オライリー・ジャパン

『別冊 数学の世界 数と数式編 改訂第2版（ニュートン別冊）』
ニュートンプレス

『Newtonライト2.0『素数』（ニュートンムック）』
ニュートンプレス

文化審議会国語分科会『「異字同訓」の漢字の使い分け例(報告)』
https://www.bunka.go.jp/seisaku/bunkashingikai/kokugo/hokoku/pdf/ijidokun_140221.pdf

外務省『世界いろいろ雑学ランキング』
https://www.mofa.go.jp/mofaj/kids/ranking/index.html

外務省『国・地域』
https://www.mofa.go.jp/mofaj/area/index.html

PART3

『起源がわかる 宝石大全』
宮脇律郎・諏訪恭一・門馬綱一・西本昌司、ナツメ社

『宝石のひみつ図鑑 地球のキセキ、大研究!』
諏訪久子/著・宮脇律郎/監修、世界文化社

『みんなが知りたい!宝石のすべて きれいな石の成り立ちから美しさのヒミツまで まなぶっく』
『宝石のすべて』編集室、メイツ出版

『ひと目でわかるきもの用語の基本』
全日本きもの振興会/監修、世界文化社

『ファッションビジネス用語辞典改訂第3版』
ファッションビジネス学会/監修、日本ファッション教育振興協会

『新版　モダリーナのファッションパーツ図鑑 デザインの用語や特徴がイラストでわかる』
溝口康彦/著　福地宏子・數井靖子/監修、マール社

『発想が広がる ファッション・アパレル図鑑』
能澤慧子、ナツメ社

『服地の基本がわかるテキスタイル事典』
関岡正雄、ナツメ社

『靴・バッグ―知識と売り場づくり』
川崎 智枝・半田 千尋、繊研新聞社

『カスタマイズできるウェディング＆カラードレス』
野中 慶子・岡本 あづさ・松尾 一弘、文化出版局

『ウェディングブーケの制作技法:ブーケのスタイルにあわせて美しく仕上げる』
フローリスト編集部/編、誠文堂新光社

『美しい花言葉・花図鑑 -彩りと物語を楽しむ-』
二宮孝嗣、ナツメ社

『花ことば ―花の象徴とフォークロア　上下』
春山行夫、平凡社

『花のことば辞典 四季を愉しむ』
倉嶋 厚/監修・宇田川眞人/編著、講談社

『角川の集める図鑑GET! 星と星座』
永田美絵・本間希樹、KADOKAWA

『星座の事典』
沼澤茂美・脇屋奈々代、ナツメ社

画像
Unsplash
https://unsplash.com/ja

國家圖書館出版品預行編目(CIP)資料

日本雜學圖鑑：日本大小事，通通都想知道／
みっけ作者；Mei翻譯. ；吉武依宣審訂. -- 初版.
-- [臺北市]：愛米粒出版有限公司, 2024.11
　面；　公分
譯自：知りたいこと図鑑
ISBN 978-626-99024-5-3(平裝)
1.CST: 百科全書
049.31　　　　　　　　　　　　　113014065

愛日常 007

日本雜學圖鑑：日本大小事，通通都想知道
知りたいこと図鑑

作者	みっけ
翻譯	Mei
審訂	吉武依宣
總編輯	陳品蓉
封面設計	陳碧雲
內文編排	劉凱西
出版者	愛米粒出版有限公司
負責人	陳銘民
編輯部專線	（02）2562-2159
傳真	（02）2581-8761
總經銷	知己圖書股份有限公司
郵政劃撥	15060393
	（台北公司）台北市106辛亥路一段30號9樓
電話	（02）2367-2044／2367-2047
傳真	（02）2363-5741
	（台中公司）台中市407工業30路1號
電話	（04）2359-5819
傳真	（04）2359-5493
印刷	上好印刷股份有限公司
電話	（04）2315-0280
讀者專線	TEL：（02）2367-2044/（04）2359-5819#530
	FAX：（02）2363-5741/（04）2359-5493
	E-mail：service@morningstar.com.tw
郵政劃撥	15060393（知己圖書股份有限公司）
法律顧問	陳思成
國際書碼	978-626-99024-5-3
初版日期	2024年11月12日
再版日期	2025年4月15日（三刷）
定價	新台幣420元

©micke 2023
First published in Japan in 2023 by KADOKAWA CORPORATION, Tokyo.
Complex Chinese translation rights arranged with KADOKAWA CORPORATION,
Tokyo through Japan UNI Agency, Inc., Tokyo.
版權所有．翻印必究
如有破損或裝訂錯誤，請寄回本公司更換

因為閱讀，我們放膽作夢，恣意飛翔。
在看書成了非必要奢侈品，文學小說式微的年代
愛米粒堅持出版好看的故事，
讓世界多一點想像力，多一點希望。

愛米粒FB

填寫線上回函卡
送購書優惠券